AF232663

CLIMAT

ET

EAUX MINÉRALES

D'ANGLETERRE

PAR

Le Dr A. LABAT

Ex-Président de la Société d'hydrologie de Paris
et membre de la Société d'hydrologie de Madrid, Turin
de la Société géologique de France, etc.
Membre de la Société météorologique
Membre de la Société de médecine de Belgique

PARIS

LIBRAIRIE J.-B. BAILLIÈRE

19, RUE HAUTEFEUILLE

1900

CLIMAT ET EAUX MINÉRALES

D'ANGLETERRE

CLIMAT

ET

EAUX MINÉRALES

D'ANGLETERRE

PAR

Le Dr A. LABAT

Ex-Président de la Société d'hydrologie de Paris
et membre de la Société d'hydrologie de Madrid, Turin
de la Société géologique de France, etc.
Membre de la Société météorologique
Membre de la Société de médecine de Belgique

PARIS

LIBRAIRIE J.-B. BAILLIÈRE

19, RUE HAUTEFEUILLE

—

1900

DEAR COLLEAGUES,

I wrote this pamphlet without any prejudgement, having for only guide conscientious observations of the places, of the facts; and the analysis of your substantial books; more inclined to learn something than to censure.

I visited, at different periods of time, almost all your spas and winter or bathing places in the United Kingdom, during the proper season. I spent many months for these tours, drinking mineral waters, bathing, plunging into swimming baths; talking with medical men, managers and patients. I made the most important excursions by rail, coach or carriages, very often on foot.

You have few spas, but some of them are first rate and very frequented, good accommodations, moderate charges, price of baths very reasonable according to the comfort.

The hydrotherapeutic treatment plays an important part at many spas.

Your winter residences are remarkable, not sufficiently appreciated.

Your sea bathing places are the first in Europa.

Excellent localities for an after-cure.

The daily life at the English spas is different of what it is in Germany; more quiet than in France.

I explained the reason why I did not adopt the chemical classification. I did the same for Italy.

Thanks, dear Colleagues, for your great kindness: I was greeted with an hearty welcome; I can not forget the pleasant evenings spent in the charming company of your wifes and daughters, and the after-tea chattering, sweet remembrances!

LA VIE ANGLAISE

Nous ne toucherons que quelques points pouvant intéresser le voyageur.

Moyens de transport. — Les trains sont en communication immédiatement avec les bateaux, les hôtels appelés *Terminus*, précieux refuges dont nous avons, nous-mêmes, créé quelques spécimens. Souvent les trains débouchent en plein centre des villes, surplombant rues et maisons ; les fiacres stationnant dans les gares, et les bulletins des bagages n'existant pas, les colis s'enlèvent avec une promptitude surprenante. Les employés vous laissent une grande liberté de circulation, mais s'occupent peu du voyageur, lequel se tire d'affaire.

Les trains sont plus nombreux que les nôtres, en particulier ceux d'excursion, *Cheap trains*. Les wagons plus larges, plus hauts, sont mieux disposés pour les colis portatifs. Les premières sont bien partout ; les secondes, sur les grandes lignes du G. Western et du N. Western, souvent à 8 places, sont également confortables ; il n'en est pas de même des lignes secondaires et de banlieue surtout en Ecosse et en Irlande où, parfois, il n'y a plus que de mauvaises banquettes de bois et des clôtures imparfaites.

Ce n'est pas tout : les jours de fêtes, aux environs de Dublin, toutes les classes sont envahies par une population en goguette, bruyante, indiscrète, qui rend la situation des plus désagréables ; la bousculade des dimanches, près Paris, ne donne qu'une idée incomplète de la bagarre irlandaise.

Pour exprimer la marche plus rapide des Convois anglais, on dit qu'elle est d'un mille par rapport à un kilomètre chez nous.

Dans les villes, le prix du fiacre avec bagages, des gares à l'hôtel, varie de 2 shillings 6 à 1 sh., suivant le périmètre de la ville, chiffre raisonnable; des courses de Cabs à Londres, 1 sh. par mille, ne sont pas plus chères qu'à Paris, sauf la porte ouverte à discussion. A Dublin, les Cars à deux banquettes latérales à 6 sh. la course (60 centimes) ; c'est le prix de Naples et les cochers débraillés avec leurs petits chevaux qui brûlent le pavé, complètent l'analogie.

Aux Eaux, les voitures, pour excursions, diffèrent peu des nôtres comme prix ; elles sont en général plus élégantes, mieux attelées et plus sûrement conduites. Les grands breacks sont d'un usage constant pour les courses de longue haleine. J'en ai largement usé à l'île de Wight, à Killarney, aux lacs d'Ecosse et jamais aucun regret de les avoir pris.

Logement, nourriture. — Dans les grandes villes, hôtels luxueux; ceux de Londres sont assez connus et généralement abordables, sauf, par exemple, le *Langham;* à Edimbourg l'hôtel Royal, à Dublin Impérial Shelbourne; aux environs, Royal, Malahide, Marine; à Chester, Queen; à Cork, Impérial. — Dans les villes de bains : Pavillon de Folkestone, Royal Victoria de Hastings; le grand hôtel de Brighton à 8 étages, celui de Scarborough à 10 étages. — Ajoutons ceux en pays sauvage des Trossachs, du loch Maree, de Gairloch, de Killarney, véritables oasis perdues dans les forêts et les steppes.

Dans ces demeures, parfois princières, le prix moyen est de 15 shillings; les chambres de 4-5 sh., le déjeuner de 3-4, le dîner 4-6. Le dîner, assez complet, se compose de *soup, joints, vegetables, sweet, cheese.* — Un dîner commandé à la française est d'un prix supérieur que le menu ne justifie pas toujours. L'usage de la table d'hôte est plus répandu en Ecosse et en Irlande.

Les chambres de ces hôtels sont vastes, bien meublées : luxe d'armoires, de tables, de lavabos ; lits très larges, souvent à colonnes ; beau linge ; service excellent.

Dans les maisons de second ordre, les prix sont de moitié ; mais il ne faut pas toujours s'y risquer ; le Commercial Hotel peut-être défectueux et même malpropre. Je recommande aux petites bourses les *temperance* tels que les Waverley d'Edimbourg ou de Glascow, très convenables. Là se voient les cheminées à manteaux de bois très étroits et les fenêtres à guillotine dont le maniement fait le désespoir des nouveaux venus. — Inutile de rappeler que le vin est toujours à part.

Les *boarding houses* sont précieux pour l'étranger ; je ne puis oublier ceux de Hastings, de Scarborough, de Bath et de Buxton où j'ai trouvé bon gîte et aimable société. Les repas à la table commune, dressée quatre fois par jour (1). Les messieurs servent à table et les jeunes dames offrent le thé. — Le prix de la pension est de 8-10 sh., engagements à la semaine.

Dans les villes d'Eaux, ces maisons sont bien tenues, d'un séjour agréable et moins onéreux. L'étranger n'est point isolé et peut s'initier aux mœurs du pays, il y reçoit un accueil plus cordial et entre un peu dans la vie de famille.

Il n'est pas facile d'entrer dans les familles Anglaises, un peu plus aisé en Ecosse et en Irlande ; mais avec l'introduction l'accueil est très cordial, même

---

(1) Déjeuner : œufs, viande froide, thé ; lunch : poisson, viande froide, bière ; dîner : soupe ou poisson, viande avec légumes, entremets, dessert, thé du soir avec tartines. Liberté d'apporter son vin.

empressé. Dans les bonnes maisons particulières, les dîners priés ressemblent aux nôtres, au point de vue des mœurs et du service. Cependant il y a quelques différences : les maîtres du logis sont aux bouts de table ; les légumes se servent avec les viandes. Au dessert, les dames se lèvent et les vins recommencent de circuler ; les messieurs y font parfois trop d'honneur.

Les appartements garnis sont plus confortables et moins chers que les nôtres ; le mobilier est surtout très soigné. Il est facile d'y prendre quelques repas dans une salle spéciale.

Les restaurants et surtout les cafés n'abondent pas ; les Anglais mangent chez eux ou bien au Club. Ceux de Londres sont connus des voyageurs français. Un bon souvenir m'est resté du restaurant Grieves d'Edimbourg, de Fergusson à Glascow, de la Bourse à Liverpool. A signaler ces tables roulantes qui promènent d'énormes pièces de viande, sous de grosses cloches de métal blanc ; ce que nous appelons table chaude est une imitation. Les potages ne sont pas à notre goût. Dans ces divers établissements, un repas peu varié mais copieux revient à 2 ou 3 sh.

Les buffets des stations et les bars offrent des repas sommaires, suffisamment réparateurs, à des prix modérés. Les hôtels ont des *refreshment rooms*, à des prix modiques, où la société laisse à désirer. Quant aux pâtisseries, elles sont propres, bien fréquentées et bien fournies pour les petits repas ; à cet égard, Londres en première ligne.

Il serait hors de propos de s'étendre plus longuement sur cet article de la vie matérielle. Un fait à signaler encore, c'est la différence entre le Sud-Est et l'Ouest à cet égard : à Ryde, à Folkestone, à Douvres, à Canterbury, à Oxford, ils vous servent, comme à regret, un dîner très court de 3-4 sh. ; tandis que ce même repas est meilleur, plus copieux, plus gracieusement servi à Bath, à Worcester, à Schrewsbury, à Chester, etc. (1).

Les maisons anglaises sont, en général, basses, aérées, coquettes et dispersées sans régularité. Les demeures d'ouvriers, uniformes, ont leurs jardinets. Les maisons de Dublin et d'Edimbourg sont serrées, très hautes (high street, 8 étages) ; aspect de casernes.

Mœurs et coutumes. — Les grandes villes du Royaume-Uni sont importantes par leurs rues larges, leurs squares, leurs parcs verdoyants, leur mouvement commercial : souvent déparées par la fumée des usines, elles réalisent, encore plus qu'ailleurs, l'éternelle opposition entre luxe et misère ; si vous passez des grands quartiers de Londres, Hyde park, Piccadilly, Portland, Euston au Southwark, quel contraste ! Le quartier Nord d'Edimbourg, George's et Queen's street et Charlotte square jure avec le faubourg de Leith. Les belles rues de Glascow, Sauchy hall, Argyle, Buchanan et le *Wood sidecrescent* ne laisseraient pas supposer la saleté de la vieille ville ; à Dublin, Sackville, Stephen green et Merrion square ne compensent qu'imparfaiment l'état fangeux des quartiers pauvres.

C'est en Irlande que j'ai vu le plus de haillons, de pieds nus et de loques fétides pendues aux fenêtres comme à Naples et en Espagne,

Là sont les repaires où le vice grouille, souvent précoce, où le policeman ne pénètre que rarement et en tremblant. D'autre part, les belles noctambules deviennent maîtresses du pavé vers minuit à Leister, Tichborn, Oxford street ; de même au grand boulevard de Princess street à Edimbourg. Cela dit, messieurs les Anglais, vous n'avez plus le droit de nous chapitrer et

____

(1) Je dois une mention de reconnaissance à deux petits hôtels très bons, très coquets, modérés : Penrhyn Arms (Galles) et Killaloe (Irlande) ; accueil et prévenance parfaits.

vos pasteurs, gens fort honorables du reste, feraient bien de surveiller leurs ouailles.

Pour me consoler de ces tristes études j'entrais dans les musées et dans les cathédrales. Belles églises gothiques ou anglo-normandes ; il suffit de citer Westminster, Canterbury, Winchester, Durham, etc. Les musées de Londres sont riches, British Museum, Kensington, Galerie Nationale ; moins à Edimbourg et à Dublin ; sous ce rapport, notre Louvre conserve sa supériorité.

Le dimanche. — Un jour qui fait le désespoir du voyageur : tout dort, tout est fermé, boutiques, hôtels, restaurants, point de voitures le matin, quelquefois pas de trains ; aux bains de mer pas de cabinets. Les heures des repas sont changées à cause des offices et les journaux ne paraissent pas. J'ai vu à Londres un jeune touriste qui n'avait trouvé rien à manger jusqu'à deux heures après midi. A Edimbourg, tout est plus rigoureux.

Les offices prennent une partie de la journée. La cérémonie anglicane, où le pasteur est à l'autel couvert d'un surplis blanc, rappelle un peu la messe (1). Chez les Calvinistes, dans les temples nus, il n'y a plus que lectures, chants et psalmodies. A Edimbourg, nous étions en cercle autour de la Chaire, une bible à la main et bien surveillés par nos voisins. Le soir c'était des prêches, en plein air, près de la maison de J. Knox. Je dois rendre hommage à la ferveur des Calvinistes ; mais combien ils sont intolérants !

Vient-on à causer avec les Anglais sur les inconvénients du dimanche, ils vous répondent d'un certain air : « *I keep my sunday.* » — Avec cela grande tolé-

---

(1) J'ai assisté à une cérémonie de mariage à Coventry. Le pasteur, avec son surplis, a dit sa messe luthérienne et fait son exhortation ; la mariée en robe de ville.

rance pour l'exercice du culte catholique, leçon dont nous devrions profiter.

A la diversité des races, que le mélange n'a pas encore fondues, se rattache la différence des physionomies et des coutumes. Au Sud-Est, l'Anglo-Saxon, le véritable Anglais. J'ai vu de beaux types dans les camps d'Aldershot et de Shorncliff. Dans Yorkshire et plus au Nord, type un peu germain. Aux highlands d'Ecosse se voient ces beaux soldats aux bonnets à poil, aux jupes flottantes et aux jambes nues qui rappellent les Palicares grecs ; probablement ils descendent des Pictes.

A l'Ouest, les visages ronds, les gestes animés, la physionomie avenante parlent en faveur de l'origine celtique. Au pays de Galles, près des Mumbles, j'ai entendu parler le flamand ; ancienne colonie des Pays-Bas ; il est aussi question d'anciennes colonies espagnoles.

Ces diversités de races provoquent des manifestations originales et des antagonismes. Au théâtre de Swansea, les jeunes Gallois étaient si bruyants que je me croyais à l'Odéon en plein quartier Latin. A Dublin, au théâtre Royal et au théâtre de la Gaîté, les premières loges étaient pleines de beau monde, tandis qu'au paradis le populaire, en manches de chemise, vociférait. Rien de pareil à Haymarket et à Covent Garden.

Les querelles de religion en Irlande sont incessantes ; la sœur supérieure de l'hôpital de Cork me faisait ses doléances sur les batailles entre malades catholiques et protestants.

Les fêtes populaires sont aussi plus calmes en Angleterre : j'ai le souvenir d'un jour passé à Combe Abbey, près Coventry, où les jeux et les dîners sur l'herbe avaient un caractère édifiant.

CLIMAT

Les îles Britanniques s'étendent de la pointe de Cornwall, *Land's end,* jusqu'aux Shetlands, c'est-à-dire environ du 50ᵉ au 60ᵉ de latitude ; l'Ecosse entre le 55ᵉ et le 59ᵉ ; l'Irlande au-dessous du 52ᵉ et au-dessus du 55ᵉ. L'Ecosse touche à l'O. au 12ᵉ de longitude et l'Irlande au 13ᵉ, un peu plus occidentale que le cap N.-O. de l'Espagne. Londres est entre le 51ᵉ et le 52ᵉ; Dublin sous le 53ᵉ; Edimbourg sous le 56ᵉ. Ces degrés sont approximatifs.

Ce pays, comprenant deux grandes îles et d'autres moyennes ou petites, est le seul, en Europe, complètement baigné par la mer. La côte est découpée en baies et golfes nombreux et profonds : embouchures de la Tamise et de la Severn ; du Forth et de la Clyde, Moray, Solway, etc., puis les baies irlandaises de Dingle, de Galway, de Derry, de Belfast, etc. A l'Ouest de l'Ecosse, c'est un labyrinthe de détroits entre les îles.

Viennent ensuite les lacs et les fleuves : les lacs d'Ecosse, si connus des touristes, tels que les lochs Katrine, Long et Lomond ; loch Awe, loch Tay, loch Marée, le Caledonian Canal; en Irlande le lough Neagh et le lough Erne et le délicieux lac de Killarney ; il y en a quelques-uns dans le nord de l'Angleterre.

Les rivières, bien que d'un faible parcours, atteignent la largeur des grands fleuves du continent ; Tamise et Severn, Shannon et Barrow.

Enfin les marais et les tourbières ; en Irlande, toutes les masses liquides couvrent un tiers de la surface.

L'Angleterre passe pour un pays plat ; cela n'est vrai que pour les parties de l'Est et du Sud ; les montagnes sont au Nord (Cheviots, Grampians) ; le Ben Nevis et le Ben Cruachan entre 3 et 4.000 p. (900-1.200 M) ; en Irlande les sommets de Wicklow, de Down, de Kerry et du pays de Killarney, 2 à 3.000 p. (600-900 M.). Dans le pays de Galles, pointes du Snowdon dépassant 3.000 p.

Deux points importants à noter, la présence du *Gulf-Stream* et la prédominance des vents S.-O. Le courant équatorial refluant des Côtes d'Amérique apporte une eau marine plus chaude de plusieurs degrés ; il se fait sentir davantage sur la Côte irlandaise. Quant au vent S.-O. contre-courant de l'alizé N.-E., il s'est chauffé sur l'Atlantique. Il a contre lui son extrême violence qui frappe de stérilité la Côte de Clare ; à Bundoran, je n'ai pu rester debout pendant une rafale. Quant aux vents d'Est, bien qu'un peu tempérés par la mer du Nord, ils sont froids et pénibles au printemps, *east cutting winds*.

De ces faits, à savoir la prédominance des masses liquides, la diffusion d'un grand courant marin chaud, la fréquence des vents S.-O., on peut conclure *à priori* que la Grande-Bretagne possède un climat tempéré, plus que sa latitude ne le comporte, mais une atmosphère humide et un ciel moins ensoleillé. Tout ceci est confirmé par l'observation.

Les moyennes annuelles sont à Londres 10 degrés,

un peu moins aux environs ; à Edimbourg 8-9° ; les moyennes d'hiver sont à Londres et à Edimbourg de 3-4° à Dublin 5°, les moyennes d'été, à Londres 16-17°, à Dublin 15°, à Edimbourg 14° ; aux îles du Nord 11-12°.

L'isotherme de 10°, qui passe par Londres, va toucher Sébastopol et New-York avec une inflexion de dix degrés de latitude ; l'isotherme de 7-8°, qui passe par le Nord de l'Ecosse, s'abaisse encore plus sur la Côte américaine. L'isochimène de 4°, qui rencontre les îles d'Ecosse au 60ᵉ et 61ᵉ parallèles, descend à Venise 45°.

Edimbourg et Copenhague, sous le 56°, ont la même moyenne annuelle 8-9° ; mais, dans cette dernière, l'hiver est à 0 et l'été à 18, ce qui fait l'équilibre. A Moscou, environ même distance polaire, l'hiver moyen tombe à — 10°, l'été + 20.

Le régime des pluies subit l'influence de l'orientation et des montagnes : à l'Est 50 à 74 mill., à l'Ouest plus de 1 m., Edimbourg 0,65, Glascow 1 m., côte orientale de l'Irlande 0,80, côte occidentale dépassant 1 m En été, ondées subites quelquefois par un temps clair et coups de vent qui refroidissent brusquement l'atmosphère.

L'humidité constante produit les brouillards même en plein été le matin. Le brouillard de Londres, *London fog*, est bien connu ; en été il n'est pas aussi épais qu'en automne, c'est une vapeur étouffante accompagnée d'une odeur de fumée insupportable. De même à Edimbourg, le *Scotch mist*.

Les pluies et les vapeurs atmosphériques entretiennent cette végétation puissante, qui est un des traits et des ornements du sol britannique. Les

Anglais ont le culte des arbres dont la grande propriété permet la conservation. Les haies d'Irlande sont plus hautes et plus touffues que celles de notre Bocage et les prairies couvrent une grande partie de la surface ; dans le Sud-Ouest de l'Irlande, on fait jusqu'à quatre coupes. L'énorme évaporation de ces immenses tapis verts entretient dans l'air une fraîcheur constante.

Ici s'offre un rapprochement naturel avec la Scandinavie, immense presqu'île, baignée aussi par la mer et par le courant chaud de l'Atlantique dont une branche va se perdre au Cap Nord : étés frais, hivers doux, pluvieux, l'eau ne gèle pas dans les fjords, pas plus qu'aux îles Féroé ; le hêtre se poursuit jusqu'au 60e degré, ainsi que les avoines et les orges ; les vents du S. O., qui ont passé sur les ondes tiédies, viennent butter contre la Chaîne Scandinave et se décharger de leurs vapeurs ; de sorte qu'à Berghen il tombe plus de 2 m. d'eau, tandis qu'au delà des montagnes, à Stockholm, on n'en compte qu'un peu plus d'un demi-mètre, comme à Paris.

Il y a lieu d'établir une distinction nette entre les deux côtés Est et Ouest ; la présence du Gulf-Stream donne une différence notable des eaux de la mer : à Scarborough, Philips a noté en août 13° ; j'ai trouvé aussi 13° en juillet et, sur la Côte irlandaise, en septembre 15-16°. En hiver on a trouvé 7-8 degrés de plus aux îles Scilly (Cornwall) qu'au rivage de Norfolk. En plein été, la côte d'York m'a donné des maxima de 15°, chiffre le plus haut à Scarborough, selon Philips. En consultant les tables météorologiques, j'ai vu qu'il gelait assez souvent sur la côte d'York, bien que ses minima soient de 2° au-dessus

de Londres ; tandis que les gelées sont une exception à Bangor, Anglesea, île de Man et baies occi-
dentales d'Irlande.

Les observatoires météorologiques sont nombreux
en Angleterre et bien installés, même dans les petites
localités d'Ecosse, Nairn, Wyck, Thurso, Ar-
drossan, etc. Tous les matins, à 8 heures, communication avec le Bureau Central de Londres.

Je ne citerai que peu de mes observations person-
nelles.

A Londres première quinzaine d'août 1871, une
semaine de fortes chaleurs, les matinées brouillard
sec, pénible ; temps plus frais aux environs. Fin
août 1872, chaleur pareille ; 1er-12 octobre, brouillards et vent froid N.-O ; quelques jours de soleil ;
fin juin 1878, chaleur étouffante ; à York 33°. A
Scarborough, mon maximum fut de 23°.

A Edimbourg et à Glascow, pendant la première
quinzaine de septembre, le temps fut assez beau,
à part quelques jours de brouillard et quelques ondées ; vent N.-O. frais. En 1878, la première quinzaine de juillet et la première d'août furent exception-
nellement belles dans tout le Nord de l'Ecosse (1) ;
chaleurs vives le jour, poussière incommode ; et
chacun de s'étonner, car il pleut souvent en été.
Tandis que le ciel était pur à Inverness, il pleuvait à
Skye où les routes étaient boueuses. Je ne saurais
oublier le panorama d'Edimbourg à 10 heures du
soir, où il faisait encore grand jour ; la vue de Calton
hill ; celle de Nairn sur les dernières terres d'Ecosse ;

(1) En Ecosse, quand le ciel veut bien être pur, les paysages sont
d'une suavité incomparable ; moins grandioses qu'en Suisse. Car

les sommets neigeux du Ben-Nevis en descendant le Canal Calédonien, l'entrée dans la baie circulaire d'Oban, paysage napolitain ; la traversée à la grotte de Fingal ; enfin le passage des Trossachs.

A Dublin, du 14 au 20 septembre 1871, le temps fut généralement beau à part quelques brouillards et quelques ondées. En 1872, fin septembre, une bourrasque amena un temps froid et pluvieux des plus pénibles ; une boue noire et fétide désolait les piétons.

J'ai déjà parlé de la bourrasque de Bundoran ; celle de Port Rush, à la Chaussée des Géants, ne fut pas moins violente, et la promenade sur les colonnes basaltiques devenait dangereuse. Ces bourrasques fréquentes rendent la navigation difficile.

Autres remarques : j'ai vu faire la moisson au 25 août dans le Comté de Kent ; au 6 septembre entre Edimbourg et Glascow ; au 10 septembre au nord de l'Irlande. A Nairn, les foins se coupaient le 20 juillet. Dans cette contrée, 58e degré, j'ai constaté la richesse du sol cultivé en céréales et légumineuses. Les bains de mer se prolongent jusqu'à octobre.

VILLES D'HIVER

Ces mots semblent un paradoxe et cependant rien de plus vrai que l'existence de *Winter places* en Angleterre, en Irlande et même en Ecosse. Notre

ils n'ont ni les glaciers ni les pics menaçant le ciel ; mais un charme qui porte à la rêverie. Serait-ce le voisinage de ce pays mystérieux du Nord où la vie va s'éteignant au sein des glaces éternelles ?

tâche est de les indiquer, mais aussi de faire un choix motivé.

Elles ne sont pas d'origine ancienne ; il paraît qu'au début du xixe siècle les Anglais, gênés par le blocus continental, tournèrent leurs regards du côté de leurs stations abritées. En 1841, Granville recommande quelques-unes d'entre elles ; en 1846, Clark, dans un ouvrage resté classique, trace le tableau fidèle de *South coast* et *South West coast*, de Douvres à Cornwall.

La côte Sud de l'Angleterre est, en effet, la partie la mieux abritée et la plus riche en résidences d'hiver largement installées. Voisines de la Capitale, elles ne demandent qu'un déplacement facile, grand avantage pour les malades.

L'exposition générale est le Sud, tandis que la Côte française opposée regarde le Nord-Ouest. De plus, le rivage anglais est découpé en une série de promontoires et de baies demi-circulaires qui augmentent et varient les abris. Ces abris sont formés par une ligne de falaises crétacées, jurassiques ou granitiques et schisteuses, hauteurs souvent escarpées et s'élevant à plusieurs centaines de pieds. Les vents du Nord sont arrêtés, non pas ceux de l'Est et de l'Ouest. Le ciel est-il clair, les rayons du soleil sont réfléchis sur la craie blanche, source de calorique, rayonnement insupportable en été, précieux en hiver ; la pluie et le brouillard sont la contre-partie.

La température est moins élevée de quelques degrés par rapport à la Corniche et voisine de celle du Sud-Ouest de la France. Les transitions au coucher du soleil sont peu sensibles ; quant à l'irradiation solaire et à la sérénité du ciel, rien de pareil à la Provence.

Si nous partons de Douvres à l'Est, nous rencontrons quelques bains de mer importants dont le climat d'hiver est assez doux ; mais recommandés à tort, durant cette saison, faute d'abris.

Douvres, recommandé par Granville et Ch. Parsons, a sa montagne du Château qui dépasse 100 m. ; les *East-Cliffs* ne protègent qu'une partie restreinte. Les vents soufflent violemment surtout au début du printemps ; pluies fréquentes, peu de journées pour la promenade.

Hastings a eu ses pronateurs.

Son immense quai est bordé d'une ligne de falaises ; les Cliffs de l'Est dépassent 100 m. *Fairlight*, selon nos mesures, atteint 150 m. ; enfin les Collines de Sussex vont à 200 m.

Cependant il est aisé de voir qu'un quai rectiligne dans le détroit de la Manche, fût-il en plein midi, est forcément balayé par le vent ; ce que j'ai constaté, même en juillet, avec baisses barométriques suivies d'averses. J'ai pris la température des grottes *Clements Caves* ; constante à 11°, elle doit être la moyenne du lieu.

Brighton a aussi son quai au midi ; la colline de la gare qui semble le protéger descend, en pente douce, d'une centaine de pieds ; abri insuffisant ; même violence des vents. La saison d'automne, assez douce, permet de prolonger les bains de mer.

Wight-Ventnor. — L'Ile est en communication constante et rapide avec Londres. C'est un des endroits les plus boisés et les plus riants de la Côte.

Ryde, Cowes, Sandown, Freshwater sont des séjours d'été, bien que jouissant du climat insulaire doux et humide ; les vents y viennent de tous les côtés.

Ventnor, *British Madeira* de Clark, est une vraie ville d'hiver, en dépit des critiques de Granville. Aussitôt passé le tunnel qui débouche des downs, apparaissent les terrasses, les balcons, les jardins, les fleurs qui lui donnent un aspect méridional, l'hôtel de l'Esplanade domine la plage.

L'*Under Cliff* mérite sa réputation : bande étroite qui s'étend de *East-end* à *Blackgang* (6-7 milles) ; c'est un long berceau de verdure où les chênes verts, les lauriers, myrtes, fuchsias, géraniums, camélias, hortensias, pétunias, verveines se disputent la place ; en janvier, on fait des bouquets de fleurs. Cela s'explique en levant les yeux sur une énorme falaise crétacée qui se dresse jusqu'à 800 p. (240 m.) et dont les débris ont formé cette promenade curieuse en plein midi, inondée de soleil quand il y en a. D'autre part, la pointe de Bonchurch brise les vents du Nord-Est. Les vents Sud peuvent arriver (*boisterous southerly gales*).

Voici les données que m'a fournies le Dr Coghill : moyenne annuelle 11° (1), un de plus qu'à Londres ; hiver 5° 5, deux de plus qu'à Londres, ces chiffres s'accordent avec ceux de Bromfield.

Les auteurs anglais disent climat sec ; il ne l'est que par comparaison ; un peu moins de pluie que

(1) J'ai trouvé dans les grosses sources à température constante de Bonchurch et de S. Lawrence cette même température de 11°; également dans le puits de Carisbroock à 60 m. de fond, ce qui correspond à 9°, moyenne réelle de ce lieu découvert.

J'ajouterai que j'ai vu, dans le jardin de l'hôpital, un olivier, un aloès et un palmier d'assez belle venue.

sur d'autres points de l'île.Quant au brouillard absent je n'ai, sans doute, pas été heureux ; car, fin octobre, je me suis trouvé noyé dans une brume épaisse et de même le matin du 30 juillet 1878. Cela n'a pas affaibli nos bonnes impressions.

Un mot de l'Hôpital *for consomption*, côté Ouest: huit pavillons chacun pour 12 malades qui ont leur chambre ; ils y restent plusieurs mois à 10 shilling *per week*, prix bien doux si l'on considère l'élégance du local.

Peu de choses à dire de *Southsea*, faubourg de Portsmouth, qui est le Tamaris des officiers de marine ; de la baie de Southampton, recommandée par Granville et où se trouve le bel hôpital militaire de Netley.

Bournemouth. — A 3 heures de Londres, est devenu grande ville : larges avenues, nombreux hôtels, boarding houses et villas perdues dans le feuillage ; sol sableux, dunes et forêt de pins (Arcachon du Nord). Assez bien abritée des vents du N.-E. au fond de la baie ; ceux du S.-O. y entrent librement. Sur les Cliffs de hauteur moyenne, Granville a trouvé une température de 50° F.et,à la même heure, 60° au fond du val de Bourne. — Sanatorium, R. Victoria, Mont-Dor hotel, où le docteur Emond avait dirigé un traitement Montdorien.

La baie de Weymouth forme un magnifique demicercle ; elle se trouve garantie du S. par la pointe de Portland et ouverte à l'Est. Belle plage d'été, rien pour l'hiver ; conséquence de l'exposition.

Nous touchons à la région par excellence, *South West coast* , laquelle se divise en deux grandes baies, à la pointe de Salcombe ; il serait trop long de décrire les nombreuses stations qui s'y échelonnent, d'autant mieux qu'elles offrent des caractères communs.

Torquay est la grande ville ; à 6 heures de Londres par le G. Western, elle se développe à l'angle Nord d'une baie secondaire de 12 milles. Quai de 3 milles. Terrasses, jardins, villas couvrant les pentes ; la partie haute, *Tor*, est moins abritée et plus fraîche. Pluies abondantes, peu de brouillard.

Salcombe est l'extrême Sud de Devonshire entre Darmouth et Plymouth ; bien abrité.

Penzance, 9 heures de Londres, est au point extrême, à quelques lieues de Land's end où la mer vient battre la côte avec furie. De là, visite de la masse granitique de *Michael's Mount*, des mines de Cornwall à 1240 p. au-dessous de la mer, des îles Scilly où croissent les primeurs. Laissons de côté *Dawlish, Exmouth, Sidmouth*, etc.

Le climat a des caractères généraux que nous tracerons ensemble pour éviter des redites : hivers plus chauds qu'à Londres de 5 à 6° F., particulièrement à Salcombe et à Penzance. Ce ne sont plus seulement les myrtes, les fuchsias, géraniums ; mais bien des oliviers, des orangers, des citronniers en pleine terre et leurs fruits mûrissent. L'agave a fleuri à Salcombe ; les palmiers se voient à Falmouth.

Le trait a signaler est la grande égalité de température : d'une saison à l'autre 10° Cent. dans la même saison 2-3° ; de même entre le jour et la nuit. La pluie est abondante et fréquente ; sa hauteur est double de celle de Londres. Cela tient au refroidissement des vents tièdes contre le promontoire de Cornwall. Les bourrasques sont violentes.

L'Irlande et l'Ecosse ont aussi quelques séjours d'hiver.

Queenstown, appelée aussi Cove, dans la baie de Cork, distance 10 milles. J'ai suivi, par bateau, une route ravissante. La ville, sur un rocher en pente, présente d'élégantes constructions disposées en terrasses. Exposition Sud, abri par un cercle de collines. Les hivers ont une moyenne de 6-7°. Les pluies fréquentes, hauteur 0,90, sont amenées par les vents de la demi-circonférence Ouest ; neige rare. A la fin de septembre nous avions des journées chaudes et coups de vent frais, tandis qu'à Dublin il tombait une pluie froide,

Cork, grande ville, bien percée, jouit d'un hiver assez doux ; les hauteurs du Nord ne sont qu'une protection incomplète. Les médecins envoient quelques malades dans la baie de Dingle.

Tramore et Dunmore, dans la baie méridionale de Waterford, m'ont paru sans abri réel.

Rostrevor, Comté de Down, ligne de Dublin à Belfast, dans la baie de Carlingford, tire sa valeur de sa situation dans un bras de mer, du voisinage du *Mournemountain* (3.000 p.), avant tout de ses forêts. La route de Kilkee, qui se poursuit entre la mer et une ligne d'arbres énormes, est un des beaux paysages de l'Irlande.

Plus loin, *Glenarn*, sur la côte d'Antrim, bien abrité, étale sa végétation méridionale.

Rothesay. — Dans l'île de Bute, à quelques heures de Glascow par le chemin de fer de Greenock et le bateau. Pour jouir du paysage, le trajet en bateau, un peu long, est le mieux : château de Dunbarton perché sur un roc de 500 p. ; tout vivant encore des souvenirs de Wallace et de Marie Stuart ; abbaye de Paithley, parc de Greenock ; puis les petits bains de mer d'Hellensburg, de Dunoon, de Largs, etc.

Je ne saurais oublier le mouvement extraordinaire des bateaux à l'arrivée dans la baie de Rothesay. Sur le quai en demi-cercle et sur la promenade de l'Esplanade se profilent les hôtels Bute, Arms, Queen et les villas ; à l'Ouest le parc et ses beaux arbres. Comme trait du paysage les ruines du vieux château normand vainement assiégé par Cromwell.

L'exposition N.-E. n'empêche pas l'abri des collines. Le climat est doux, assez égal. Moyenne d'hiver 5-6°, minima 2°, les minima de Glascow étant de 7-8° ; pluie, près d'un mètre. La végétation est très belle : châtaigniers, chênes verts, charmilles de lauriers comme en Italie, haies touffues comme en Irlande ; myrtes et gros fuchsias, lauriers-roses, etc. Ce sont les mêmes plantes dans le détroit *Kyles of Bute*, où l'hiver est aussi doux. De ce côté est la région des îles (Lord des îles W. Scott). Je recommande la visite de l'île d'Arran.

De l'Ouest de l'Angleterre, un mot seulement : à l'hôtel de Penrhyn Arms (Wales) et à l'île d'Anglesey, j'ai vu les chênes verts, les gros lauriers, les beaux fuchsias. — L'île de Man, plus visitée aujourd'hui, est dotée d'un climat égal, doux et pluvieux ; les hivers de 5-6°. Les restes des monuments druidiques sont une attraction, de même qu'à Anglesey.

Un coup d'œil d'ensemble sur le climat des villes d'hiver, dans le Royaume-Uni, nous montre un régime doux et humide et une température annuelle ou saisonnière assez égale, des hivers de 5-7° ; des pluies abondantes, un degré hygrométrique élevé, des brouillards fréquents, des neiges rares ; peu de journées d'hiver franchement belles et une faible irradiation solaire. Enfin des échantillons de la végétation du Midi, même quelques traces de plantes africaines.

Si nous voulons mettre en regard nos séjours d'hiver, nous voyons qu'ils se partagent en trois régions distinctes : le Sud-Ouest, le Sud et le Sud-Est.

La région du Sud-Ouest, la mieux comparable (Arcachon, Biarritz, Pau, Dax), est sous une latitude inférieure de 6 à 10 degrés et cependant les analogies sont frappantes : hivers doux et humides, moyenne de 6-7° ; écarts assez faibles des maxima et des minima ; moyenne annuelle plus élevée par les chaleurs d'été ; régime des vents océaniens et pluies de 1000-1200 cent., moyenne hygrométrique de 80, comme en Angleterre ; neige aux environs des Pyrénées. Les bourrasques du golfe de Gascogne sont aussi fortes que celles d'Irlande ; les journées de soleil plus nombreuses et plus longues. La végétation méditerranéenne y est faiblement représentée tandis qu'elle exubère sur la côte Sud d'Angleterre.

Il y aurait aussi quelques rapprochements avec Pise la ville humide, Venise, Goritz, Abbazia au fond de l'Adriatique, Montreux en Suisse, Meran dans le Tyrol. Là nous trouvons des moyennes d'hiver presque semblables à celles de Paris et de Londres, sauf Pise. Plusieurs de ces contrées n'ont dû leur réputation qu'à l'abri des montagnes.

La Corniche tranche vivement par l'immense abri des Alpes, par ses hivers de 8-10°, et ses écarts du jour à la nuit, du soleil à l'ombre ; par son degré hygrom. moindre 60-70 ; par son régime de vents et de pluies : le mistral N.-O violent et sec, le S. O. pluvieux ; peu de jours pluvieux et fortes averses ; quelques brumes de mer ; brouillards nuls ; neige rare. Le soleil d'hiver est assez ardent pour exiger l'ombrelle et les lunettes bleues ; — quant aux plantes méridionales, c'est un coin de la côte algérienne.

Les inconvénients sont l'encombrement, le soleil trop vif et la poussière, le mistral fougueux, le siroco énervant, les transitions brusques au coucher du soleil ; sans cela ce serait trop beau.

Les analogies sont donc bien moindres et moindres encore en descendant sur les côtes d'Espagne et d'Afrique.

Les indications thérapeutiques seront la conséquence des différences profondes que nous venons de signaler entre les climats anglais et franco-océaniens d'une part et ceux des rives méditerranéennes d'autre part. Les premiers adaptés aux irritables ; les seconds, aux lymphatiques, aux anémiques déprimés. Ces derniers pour les bronchites chroniques avec emphysème, les pneumonies chroniques, les phthisies à terrain scrofuleux, les autres plus humides pour les bronchites à expectoration malaisée, pour les tuberculeux qui ont la fièvre toujours en puissance, pour les névraglies faciles à exaspérer, pour les maladies nerveuses avec insomnies. — Les vieux goutteux et rhumatisants, les syphilitiques de longue date qui grelottent aisément ont besoin de chaleur et de soleil pour respirer à l'air et transpirer ; la Corniche leur vaut mieux.

Ces considérations générales, destinées à éclairer le médecin sur la direction de ses malades, sont loin d'avoir une valeur absolue ; d'autant que si certaines villes du Nord ont des caractères méridionaux, certaines villes du Midi ont des inconvénients septentrionaux. Il faut donc tenir compte des nuances locales dont la connaissance est nécessaire pour conduire droit et juste.

Que de belles conceptions qui ne tiennent pas debout quand l'observation se fait sur les lieux mêmes !

EAUX MINÉRALES

Dans une publication de 1872, sur les Eaux anglaises, nous avons dit qu'elles étaient peu connues en France et ailleurs, peu visitées par les étrangers. Cela est encore vrai aujourd'hui. L'affluence des malades anglais sur le continent, durant la saison thermale, a pu faire croire qu'ils n'allaient pas dans leurs stations et que celles-ci n'avaient ni importance ni valeur. Or, j'ai pu m'assurer, par de nombreuses visites et d'assez longs séjours, que cette opinion était sans fondement. La vérité est que ces villes d'Eaux ne sont pas nombreuses, mais qu'il y en a d'importantes et recevant beaucoup de monde ; Bath et Harrogate comptent autant de visiteurs que Vichy et Carlsbad (1).

Avant d'aborder les descriptions particulières, nous exposerons quelques généralités.

Premier caractère : défaut de thermalité ; une

---

(1) Les restes romains de Bath et de Buxton témoignent d'une ancienne origine. Au xvie siècle il existait des bains turcs ; au xviie les eaux étaient en honneur.

A signaler les ouvrages de Turner 1557, de Jones 1572. Au commencement du xviiie siècle, les ouvrages modernes : Granville fait une description complète des stations 1841 ; puis Althaus 1860, Ed. Lee, Macpherson et, tout récemment, Weber, Macmillan 1895. *Climate and Bath of Great Britain.*

Il y a beaucoup à puiser dans ces livres, également à critiquer ; évidemment les auteurs n'ont pas toujours vu les lieux dont ils parlent.

2

seule source vraiment chaude, Bath ; les autres thermales simples sont tièdes.

Second caractère : absence de gaz carbonique d'où la pénurie des eaux de table.

Troisième caractère : faible proportion des carbonates, d'où l'insignifiance des eaux alcalines.

Quatrième caractère : prédominance des chlorures et des sulfates ; mais la faible proportion de gaz rend le liquide minéral moins facile à boire.

Cinquième caractère : grand nombre d'eaux sulfureuses et ferrugineuses ; ces dernières trop peu gazeuses en comparaison de celles du continent.

Sixième caractère : mélange trop fréquent des principes sulfureux, ferrugineux et chlorurés.

Les eaux purgatives proprement dites, *bitter Wasser* des Allemands, sont rares et peu employées ; elles sont remplacées par des préparations artificielles. Un certain nombre d'eaux salines produisent des effets laxatifs.

Les lacunes hydrologiques sont donc assez nombreuses pour obliger les médecins anglais à diriger leurs malades vers le continent. Les bains de mer peuvent remplir nombre d'indications.

L'installation, critiquée par Rotureau, a fait de grands progrès ; les buvettes sont belles et entourées de promenoirs vastes, bien clos ; les piscines sont grandes, bien aérées, disposées pour la natation ; les cabinets de bains munis de vestiaires et de closets, chauffés au besoin, à des prix modérés.

Quant à la discipline et au régime, rien qui rappelle l'Allemagne ; peu de direction et point de changements dans les repas ; la modération n'existe que dans les divertissements.

Les traitements annexes de massage, d'hydro-thérapie, et de gymnastique raisonnée ont été imités de la France et de l'Allemagne.

Le climat tempéré permet des saisons plus prolongées, parfois des cures d'hiver.

Le défaut de direction fait que les maladies les plus diverses s'observent à la même source, ce qui rend l'étude clinique assez malaisée.

Quelle que soit l'habileté des chimistes anglais, leurs analyses sont parfois criticables au point de vue du groupement hypothétique des sels ; nous en verrons des exemples.

La classification chimique, adoptée partout, offre les mêmes difficultés qu'en Italie, à cause de l'association des principes appelés dominants et de leur complexité. La classification thérapeutique est impossible ; celle des régions fournit peu de données et de rapprochements utiles. Nous nous bornerons à la division géographique des trois royaumes.

Il est entendu qu'il ne sera question que des stations sérieuses que nous avons étudiées avec plus de soin, vu leur importance. Ceci pour ne pas tomber dans le défaut de certains auteurs qui ont été trop courts sur certains endroits bien fréquentés, trop prolixes sur d'autres où je ne voyais que peu de monde en pleine saison. L'amour de la compilation explique ces sortes d'erreurs.

EAUX D'ANGLETERRE

Aujourd'hui il est à peine question des sources purgatives des environs de Londres.

Epsom, qui date de 1690, eut sa vogue au

xviiie siècle ; les courses seules ont survécu. *Streatham* est également abandonné. Ce sont des eaux magnésiennes dans le genre de celles de Warwick et de Gloster. Je laisse de côté Kilburn, Beulah et Sydenham Well.

Tunbridge Wells. — Kent ; de 1 heure à 1 h. 30 de Londres, gare de Ch. Cross.

Réputation ancienne : connue par la guérison de Dudley, visitée par Henriette d'Angleterre qui fut obligée de camper sur les downs ; célébrée par M. de Grammont 1663, qui nous parle de danses chez la reine ; encore très animée il y a cent ans.

La route de plaine, d'abord monotone à travers un pays de céréales, change d'aspect à *Sevenoaks* et aux environs de Chilshurst. Bientôt apparaissent les coteaux couverts de pins, de genêts et herbes aromatiques. Les villas y sont disséminées à une hauteur de plus de 100 mètres, et l'air y est très pur ; grande ressource pour Londres.

La source est au bas de la ville, dans un petit bassin de granite. J'ai trouvé l'eau claire, sans gaz, d'une saveur atramentaire, noircissant un peu le papier de noix de galle ; temp. 10° (moyenne du lieu). L'analyse donne carb. de fer 0,06 ; le soluté m'a paru peu stable.

Indications : Chl.-anémie et convalescence, dyspepsie atonique ; maladies des femmes ; utilisée pour *aftercure*.

Analogie avec Forges, moins fréquenté.

LEAMINGTON

De Londres, une centaine de milles ; 3 heures. Gare Euston square, Warwick shire, population 3.000. Parmi les hôtels Regent et Manorhouse. Appartements garnis très propres à un prix modéré.

Leamington est connu depuis un siècle, par le livre du Dr Lamb de Warwick, 1794. Un peu plus tard, Jephson fit élever le Pump room, 1838.

La ville neuve, bien percée et bien bâtie, est traversée de l'Est à l'Ouest par la rivière Leam, sa partie principale au Nord. Dans les rues principales, ce sont des boutiques de grande ville. Beaux arbres sur les boulevards de Brandon et Union parade. Les jardins sont luxuriants par la nature argileuse du sol. Le parc de Jephson est une jolie promenade.

Le climat est assez chaud l'été, me disait le consul Burghers. Pendant la dernière quinzaine d'août, le temps fut chaud et orageux, rafraîchi par quelques ondées avec les vents d'Ouest. Cette année la moisson se faisait au 20 août, tandis qu'aux alentours de Londres elle était commencée huit jours plus tôt.

La buvette, Pump room, dans la partie basse près la rivière, présente un beau portique à colonnes et une grande salle intérieure. Deux robinets versent l'eau minérale froide et chaude, les verres sont de 6,8 et 12 onces ; tarif 1 sh. per week.

Les bains n'ont rien de particulier. La piscine, bien aérée, a 20 mètres sur 8 : ce qui prouve une certaine abondance d'eau.

J'ai trouvé 12° au robinet public. L'eau est

gazeuse à peine, salée, assez facile à boire. Dans l'ancienne analyse figurait la chlorure de magnésium. La nouvelle nous donne : chl. sodium 8,5; sulf. de soude 1,2 ; sulf. de chaux, 2 ; sulf. de magnésie 0,87. Il s'agit donc d'une eau mixte.

La dose est de 1 à 2 pintes, bues le matin avec intervalles de promenade ; les buveurs n'arrivent qu'entre 8 et 9 heures. Effets laxatifs. Les indications se rapportent aux dyspepsies, troubles bilieux, hémorrhoïdes, engorgements viscéraux, obésité; constipation habituelle. Quelques maladies de femmes ; quelques affections cutanées. Introduction du traitement des maladies du cœur à l'instar de Nauheim.

Extraction des sels de l'eau minérale.

Leamington est encore un endroit de villégiature.

Environs. — Grâce au sol argileux, la campagne est fertile, couverte de beaux arbres et de vertes prairies encadrées de haies touffues; les bords de la Leam et de l'Avon sont de riantes promenades.

Victoria Spa est un petit bain tout voisin, demi-heure à pied. Petit établissement avec buvette, quelques cabinets de bains et piscine. La source sulfureuse est légère ; la source salée contient 3-4 grammes de chlorures et de sulfates. Cette dernière, assez facile à boire, laxative et diurétique, s'emploie dans les troubles digestifs, la goutte et la gravelle. La sulfureuse pour la peau.

Les villes voisines de Leamington sont bâties en briques et plusieurs maisons du XVIᵉ siècle offrent des échantillons de la construction en *timber plaster*, plâtres et madriers obliques noircis.

Cet aspect original peut s'étudier au village de *White Nab. Warrick*, 2 milles à l'Est, fait suite aux fauxbourgs de Leamington. Les portes de la ville sont surmontées par des chapelles. Le vieil hôpital de Leister, construction en *timber plaster*, bien aménagé, doit sa fondation à R. Dudley.

L'église de S.-Marie renferme sa tombe et celle de A. Dudley. Il y a aussi la tombe de R. Beauchamps entourée de figurines et d'animaux fantastiques. Le plus beau monument est celui du Chœur où Thomas Beauchamps semble dormir à côté de son épouse, Catherine Mortimer.

Le vieux château appartint à H. de Neubourg, qui porta le premier le titre de Warwick. A droite, la tour de Guy datant de 1394 ; à gauche, celle de César.

La partie gauche, bien conservée, renferme les appartements où sont les meubles anciens, les tableaux, les armures, entre autres, celle de Guy, une marmite d'airain qui rend un son formidable servait de bol à punch ; contenu 500 L., un vase grec de la villa Adriana.

Kenilworth, château moyen âge rendu célèbre par les visites d'Elisabeth et de R. Dudley, comte de Leister, château connu par le roman de W. Scott. Dans la cour se voit, à droite, la tour massive anglo-normande de César, probablement bâtie par G. de Clinton sous Henri Ier. Les murs de la grande salle montrent encore leurs immenses fenêtres. Les murs en grès rouge, trop tendre pour résister, sont tapissés de lierre ; j'ai vu des troncs de lierre gros comme le corps d'un homme.

Coventry. De Leamington, par le train, 30′ par la

route précédente. L'église Saint-Michel avec sa tour de 300 p. bâtie en grès rouge tendre et détérioré (xive siècle) : grande nef, beaux vitraux, chœur coupé carrément, plusieurs maisons en *timber plaster*.

Ici se conserve la légende de lady *Godiva* chevauchant toute nue par la ville. Au coin d'une rue l'effigie de Peping Tom frappé de cécité pour avoir regardé la noble dame. Aussi qu'avait-il besoin de mettre son nez à la fenêtre ?

Strafford-on-Avon. Train 45'. *Shakespeare house*, maison du xvie siècle à pignons, à petites portes basses, fenêtres à meneaux. On entre par la cuisine dans les pièces délabrées ; en haut, chambre où il est né, 23 avril 1564. Deux bustes en plâtre et un portrait de lui. L'église renferme son tombeau et ceux de sa femme Anne et de sa fille Suzanne ; mort à 52 ans. Le buste du poète le représente une plume à la main, la pierre peinte est d'un effet douteux.

Birmingham, à 45' par le train qui arrive au Centre, au travers des cheminées fumantes. Là sont les rues commerçantes : New street, Ball street, Snow hill ; partout de grandes fabriques de bijouterie, de bronzes, d'armes, quelques belles maisons en pierre du côté de Town hall. A signaler une statue d'Attwood et une de Boudha apportée de l'Inde. Cette visite permet de faire des acquisitions à bon marché.

A Birmingham, plusieurs restaurants à prix modérés ; à Coventry et à Strafford, j'ai pu faire un dîner complet pour une demi-couronne.

HARROGATE

De Londres 200 m., 6 hres, gare King Cross,
N. E. railway; à 20 m. d'York, environ moitié chemin
de Londres à Edimbourg. Après les villes enfumées
de Sheffield et de Leeds commence un pays plus acci-
denté et plus frais.

Harrogate n'a pas d'origine ancienne ; connu depuis plusieurs siècles, il n'était, néanmoins, qu'un
village. L'ouvrage du Dr Deane, 1626, nous ren-
seigne à cet égard. Le docteur Hunter, en 1830,
nous fait connaître un progrès notable que confirme
l'article de Granville 1841 ; ils échangèrent leurs
impressions. Bennett et Mirtle sont des auteurs modernes où il y a beaucoup à puiser ; vingt ans passés,
j'entendais dire, lors de ma visite, qu'il était venu
près de 40.000 personnes, Est-il vrai qu'aujour-
d'hui le nombre soit doublé (1) ?

La ville actuelle compte près de 15.000 âmes. Elle
est située, en partie, sur un vaste plateau dégagé,
en partie, dans une vallée plus basse où passe le
chemin de fer N. S. ; d'où la distinction de *high* et
low Harrogate.

Sur les hauteurs de l'Ouest, les hôtels principaux
Prospect, Alexandra, Clarendon, Queen, Royal,
P. of Wales et les maisons garnies de premier ordre ;
la promenade Stray, le W. Park ; en un mot, le
coin élégant ; vers l'Est, grand parc où les chevaux
et vaches paissent en liberté. Dans la partie basse,

---

(1) Les auteurs anglais ne sont pas modérés dans leurs
éloges : *the most important in England* (Macpherson); *the most
flourishing* (Weber); *unequalled by any of the continent* (Copland).

les sources. Là existe une dépression et une faille, *craven fault*; le sol est constitué par du grès.

Le *climat* tient à la fois du continent et de la mer qui n'est éloignée d'aucun côté, la distance aux deux mers est beaucoup moindre qu'à Leamington. L'altitude est de 3 à 600 p., presque 100-200 M.; la partie en creux plus abritée. L'été y est assez frais, même en août où la chaleur du soleil est tempérée par le vent frais du soir contre lequel les baigneurs ont à se prémunir. En temps de pluie, les nuits de juillet sont presque froides.

La saison officielle, de mai à novembre, ne commence réellement que plus tard; fin août, il y avait un tel encombrement que j'eus peine à me loger.

La table d'hôte était alors en usage et faisait naître une sorte d'intimité; repas copieux. Le plus âgé présidait.

Sources. Etablissements. — Les buvettes ont un aspect monumental : le Royal Pump room, dont le pavillon octogone est surmonté d'une coupole et abrite Old sulphur well; le Pump room, où sont les buvettes des Eaux ferrées avec le buste de Mussprat le chimiste, c'est une imitation de temple grec à colonnes doriques avec de grandes galeries vitrées et une salle de concerts; la rotonde de Montpellier, où se voient des sources diverses.

Les bains se donnaient, au temps passé, dans les hôtels et maisons de logement, ce qui laissait beaucoup à désirer. Le *Victoria Bath*, datant de 1835, a été agrandi en 1888; il est en arrière du R. Pump room. Il y a encore le bain de Montpellier et celui de l'hôpital; quant aux nouveaux bains, leurs grandes galeries leur donnent bon air. Les douches et le massage d'Aix y ont été introduits.

Très difficile de s'orienter au milieu de tant de sources : 80, nous dit Johnston. Il faut réduire de moitié. Nous prendrons pour guide Hoffman qui les distingue en *strong* et *mild sulphurous, saline* et *pure chalybeates*.

Elles sont froides ; leur degré, que je n'ai pu prendre qu'aux robinets d'écoulement, est de 12 à 15 ; probablement assez au-dessous aux griffons. Les sulfureuses fortes noircissent vivement le papier de plomb et ont un goût assez désagréable de *gun powder*. Les sulfureuses faibles, à caractères moins tranchés, se boivent mieux. Les ferrugineuses ne sont pas meilleures au goût, sauf les dites pures, peu styptiques.

Le débit passe pour important ; il paraît que celui des ferrugineuses pures varie avec les pluies.

Plusieurs chimistes en renom ont analysé ces sources, après Mussprat, Miller de Londres et Herapath de Bristol et autres. Les tableaux d'analyse se déroulent en colonnes interminables et effrayantes à consulter.

Old Well : sulfure de sodium 0,07, gaz sulfhydrique 37 c. cubes, sels environ 15 gram. dont chl. de sodium 12, de calcium 0,6, de magnésium 0,7, de baryum 0,09. Ce dernier élément ne manque pas d'originalité.

Strong Well : sulfure de sodium 0,20, quantité très élevée ; sels 14-15.

Salines chalybeates : chl. of iron 0,19, carb. of iron 0,16 ; sels 7 ; etc. *Kissingen* : carb. of iron, 0,13 ; sels 12-13.

Alun Well : sulf. de fer 1 gram. ; sulf. d'alumine id. ; sulfate ferrique 1 gram. ; autres sels 3-4.

Nous nous trouvons ici en présence d'une minéralisation exceptionnelle et bizarre : association des chlorures avec les principes sulfureux et ferrugineux ; le fer sous forme de chlorures et de carbonates tout à la fois ; la présence insolite du chlorure de baryum à dose très pondérable, etc.

Ce n'est pas l'existence simultanée du sel et du soufre qui surprend : quoique l'on ait dit à ce sujet, ceci se voit en France à Uriage et à Gréoux ; en Suisse à Baden ; en Italie à la Porreta ; en Espagne à la Puda ; en Allemagne à Aachen ; en Hongrie à Mehadia ; et tant d'autres qu'on pourrait citer. Mais les eaux à la fois salées, ferrugineuses et sulfureuses à un haut degré sont plus rares. J'ai vu cette mixture à Castellamare dans le canal appelé *confluente*.

J'hésite à critiquer le chiffre de chlorure de baryum, et cependant ?

Quant aux comparaisons faites par les auteurs anglais de ces eaux ferrées avec Spa et Schwabach, elles n'ont pas de raison d'être.

Usage médical. — Les sources dont il s'agit sont surtout employées en boisson. La dose de 1-3 pintes par jour, m'a paru exagérée et il faut un certain courage d'absorption. Des accidents ont été la suite de ces excès, le Dr Myrtle relate un cas de mort subite.

L'action est stimulante et tonique, à dose de quelques onces ; laxative avec 1-2 pintes. Pour ma part, deux verres ordinaires suffisaient. La source *Magnesia* est principalement diurétique. Les sulfureuses faibles conviennent pour les bains quand la peau est irritable.

Les indications sont variées : les sources sulfureuses fortes, qui sont à la fois salées, agissent comme résolutives dans le rhumatisme et la goutte chroniques ; dans les engorgements scrofuleux, utérins ; dans les maladies cutanées comme substitutives, eczéma, psoriasis ; aussi dans les catarrhes des bronches. Les syphilis anciennes s'amendent par le traitement combiné à la mode d'Aix-la-Chapelle. Les anémies, les hémorrhagies passives réclament les ferrugineuses. Magnesia Well pour la vessie et les reins.

Rien d'étonnant que la foule assiège Harrogate !

Knaresborough, à 3 m. sur la Nidd, dans un ravin calcaire, est une eau incrustante. Ruines du vieux château où se réfugièrent les quatre chevaliers assassins de Thomas Becket, 1170. C'est une promenade.

York. Il ne faut pas quitter Harrogate sans avoir fait visite à la ville d'York. Grande gare d'arrivée avec larges trottoirs, buffets luxueux, lavatoriums ; grand hôtel Terminus.

La ville a un aspect moyen âge que lui donnent ses vieux remparts et ses tours ; par ses maisons anciennes dont quelques-unes baignent dans l'Ouse comme à Amsterdam ; par son château fort normand et sa cathédrale gothique. Dans le jardin du musée sont des restes romains, saxons, normands.

La Cathédrale a deux tours et une centrale carrée, un mur perpendiculaire, peu gracieux, au bout du chœur. Façade XIVe-XVe siècle ; intérieur à trois nefs dont la médiane de 520 p. de long serait d'un grand effet sans la clôture transversale. Larges fenêtres à vitraux. La chapelle octogonale, *Chapter house*, a des ogives aiguës et de fines nervures.

CHELTENHAM

De Londres, 3 à 4 heures G. W. station de Paddington.

Ville moderne, dans la vallée de la Severn (Glostershire), population près de 50.000; elle n'en comptait que 3.000 en 1800.

La première source fut connue en 1715; la cure de Georges III, 1788, commença la vogue. J'ai entendu raconter qu'au début du siècle suivant, la buvette de Montpellier était assiégée le matin, une rangée d'équipages se tenant auprès. En 1841, Granville signale la décadence; en 1871 et 72 je n'ai vu que peu de buveurs et cela continue.

Pourquoi cette décadence ? Les causes mises en avant ne sont pas les vraies : les eaux allemandes similaires sont entrées en scène avec leur richesse en sels, en gaz et leur température plus élevée. Cheltenham, comme Leamington, est devenu un rendez-vous de chasse pour l'hiver, un séjour d'été plus frais, un lieu de gymnases pour la jeunesse; le plus important compte 5 à 600 élèves. Les grands boulevards plantés de gros arbres, les villas, les jardins, l'absence de fumée, la rareté des brouillards expliquent cette évolution.

Climat. Sol. — Doux et humide : Altitude 200 p. moyenne annuelle 50° F., 10 Cent. comme à Londres; hiver moyen 5°, été 16°; hauteur de pluie

33 pouces, un peu plus de 0,80. Les journées étaient assez chaudes fin août, assez douces en octobre. Les collines de *Cotteswold*, dont les sommets, à Leckhampton, atteignent 1.200 p., sont un abri précieux contre les vents N. E : la vallée est ouverte au S. O ; vents de mer.

En arrivant de Londres, la plaine fait place aux coteaux et le crétacé aux calcaires jurassiques ; sur les hauteurs de Leckhampton, ce sont des carrières, à ciel ouvert, de *lower oolite* ; dans la plaine, le lias, *blue clay*. Cette argile bleue constitue le sol de la ville et repose sur le *new red sandstone* qui se retrouve dans les environs ; sur l'argile bleue est généralement répandu un lit de sable et de cailloux.

Les rapports du terrain avec les eaux minérales ont été mis en lumière par Murchison, 1845. Elles sont à la fois chlorurées et sulfatées. Les forages plus superficiels, dans le lias, donnent plus de sulfates ; les forages profonds, qui atteignent les marnes irisées, donnent plus de chlorures. Donc les sources salées fortes ont leur origine dans les marnes irisées. On sait que le Muschellkalk manque en Angleterre. C'est toujours la loi générale du trias renfermant les dépôts de sel gemme, pourvoyeurs des eaux salées dans presque tous les pays, particulièrement en Allemagne et dans l'Est de la France.

Sources. Etablissements. Les deux buvettes principales, Pump rooms de *Montpellier* et de *Pittville*, présentant leurs dômes imposants et leurs colonnades, rappellent le Panthéon d'Agrippa à Rome. Belles salles, tables de marbre, robinets d'écoulement. Autour, jardins et concerts. Tarif 2 sh. 6 d. per week.

Pour épargner un peu le lecteur, nous laisserons de côté la description fastidieuse des sources dont quelques-unes sont délaissées, d'autres sans valeur. Restent deux groupes importants : Montpellier et Pittville.

Elles sont claires, très peu gazeuses, d'un goût salé et amer ; la magnésienne est la plus douce. Ne pouvant prendre la température qu'aux robinets, mon chiffre de 13-14 est trop élevé, même en tenant compte d'une profondeur de 30-40 mètres.

Minéralisation environ 10 gram. dont 6-7 de sel commun ; le sulfate amer plus abondant pour l'eau dite magnésienne, les sels de magnésie dépasseraient 6 gram. ; 4-5 centig. de bromures et d'iodures ; très peu de carbonates.

La source ferrée de Cambray renfermerait 0,10 de carb. ferreux ; mais le fer se dépose promptement dans le verre.

A côté d'une maison de bains qui a peu de clients est la fabrique des sels. L'eau minérale, réduite dans une chaudière au degré 1040 de mon densimètre, se rend dans un réservoir où elle se cristallise pendant les nuits froides. Alors le sulfate de soude prédomine d'après la loi chimique (1).

Propriétés médicales. — Les eaux salées de Chel-

---

(1) Ce sel est en gros cristaux d'une saveur fraîche et amère. Le soluté aqueux a précipité par l'alcool, par le Chl. de baryum, modérément par le nitrate d'argent. Précipité par l'Antimoniate de potasse ; simple trouble par l'oxal. d'Amm. et par le sel de phosphore.

Donc il est plus riche en acide sulfurique et en soude.

tenham se boivent le matin, à jeun, de quart d'heure en quart d'heure, en se promenant dans les allées et dans les jardins ; deux ou trois grands verres de 6-12 onces. Autrefois les doses étaient plus fortes. Cette eau, un peu lourde à cause de l'absence du gaz, m'a paru plus facile à boire que Leamington. D'après mon expérience de plusieurs jours, l'action purgative est assez douce sans coliques ; c'est là ce qui se passe communément. Les estomacs irritables ne supportent que de petites doses et les intestins rebelles exigent l'addition d'eau concentrée avec le sel dont il a été question.

La cure laxative peut se prolonger plusieurs semaines ; M. Thomson, l'ancien propriétaire de la source Montpellier, en usa, dit-on, pendant 14 ans, sans préjudice, pour se tenir le ventre libre.

Les bains, peu employés, ne nous arrêteront pas ; dans les piscines plus en honneur, l'eau était à 66° F., 19° C.

Indications principales : les dyspepsies muqueuses atoniques et la constipation ; les états bilieux et engorgements hépatiques sans inflammation. Le Dr Ramsay me disait qu'il s'était bien trouvé de la source n° 4 de Montpellier pour ce qui touchait au foie et qu'autrefois il venait nombre d'officiers de l'armée des Indes. J'ai beaucoup causé à ce sujet avec le Dr Granville lequel pratiquait à Kissingen et constatait le courant qui entraînait ces mêmes officiers vers les stations allemandes ; le fait s'est encore accentué.

Ici l'eau salée est assez forte pour convenir aux scrofuleux ; ces malades vont aux bains de mer qui sont partout à leur portée ; cela se comprend.

Si nous avons donné quelques développements à cette station, c'est à cause de son ancien renom : elle était appelée mal à propos le Vichy, le Carlsbad anglais. Or ces dernières sont chaudes et gazeuses, d'une constitution totalement différente, d'un emploi thérapeutique plus étendu.

La comparaison est plus rationnelle avec les eaux salées de Kissingen, Hombourg, mieux encore Kreuznach, Salins peu gazeuses ; Bourbonne, Balaruc diffèrent par leur calorique.

Environs. — J'ai le souvenir d'une charmante promenade aux coteaux du N-E. en compagnie du Dr Ramsay, un de ces aimables confrères que j'ai souvent rencontrés en Angleterre ; sur ces hauteurs se voient les débris des camps établis par les Romains pour surveiller les Bretons. De *Birdlipp*, la vue se promène sur le clocher de Glocester et, à 20 lieues, sur le pays de Galles. Cette tournée permet de voir les sources de la Tamise, *seven springs*. Pour Clark, les hauteurs valent celles de Malvern en tant que *summer places*.

De courts trajets en chemin de fer conduisent à *Tewkesbury*, en suivant les bords de la Severn ; à voir *Abbey Church*, monument imposant par sa grosse tour carrée et ses grosses colonnes normandes. Encore le champ de bataille *Bloody Meadow*, où Edouard IV triompha de Marguerite d'Anjou, 1374.

Glocester, au S.-O., ville importante par ses navires et ses docks sur la Severn. La cathédrale a également une grosse tour carrée, de grosses colonnes normandes dans la nef et dans la crypte ; vitraux anciens aux grandes fenêtres ; cloîtres, style perpendiculaire ; tombeau d'Edouard II.

Un peu plus loin : *Worcester* où j'ai trouvé un hôtel excellent. — Encore une cathédrale gothique, à tour carrée, renfermant des monuments. — Dans les environs, *Evesham*, une des résidences du duc d'Aumale.

Hereford, route dont les coupes laissent à nu le *red marl* et le *new red sandstone*. Cathédrale à grosse tour et grosses colonnes rondes normandes, chœur normand ; fenêtres ogivales à colonnettes ; monuments de *Lady Chapel*.

Malvern. — Entre Worcester et Hereford, jouit d'une ancienne renommée ; les sources saintes *Holy well* et *S. Anne's well* opéraient des cures merveilleuses (1).

Il existe plusieurs Malvern : le *Great Malvern* est au centre, à une altitude de 500 p. (150 M)., ce qui lui donne un climat frais et tonique, l'un des plus appréciés en Angleterre. Partout des hôtels, des villas, des Établissements d'hydrothérapie.

Parmi ces installations nous citerons *Fergusson*, ancien Rayner, ancien Wilson, situé Abbey road, entouré de jardins. La maison a de grands salons et des chambres de bains à tous les étages. Dans les baignoires, douches variées, bains de vapeur ;

____

(1) « Those who bathe for cutaneous affections, usually went into the water with their linen on and dressed upon it, they lye in their wet linen all night, and, towards morning, begin to sweat. » (Doctor Wall.)
Voici bien le drap mouillé et la sudation.

gymnase et promenade couverte. L'eau tiède s'emploie par exception.

Les malades sont reçus été comme hiver ; pension 4 L. per *week*. Tout m'a paru bien administré et le docteur directeur empressé. Je laisse de côté d'autres maisons qui méritent une visite.

BUXTON

A 30 milles de Manchester, à 160 milles de Londres. Trajet 5 à 6 heures de la gare de Saint-Pancras, Euston square. Partie nord de Derby shire.

Ancienne ville de bains, peut-être connue des Romains. Souvenir de Marie Stuart qui y vint après une chute de cheval. La chronique rapporte que les gens de sa suite buvaient 8-10 pintes d'eau ; ce n'était pas trop pour des estomacs du XVIe siècle. Mémoires de Jones, 1572 et de Floyer, 1700.

Consulter pour d'autres détails l'ouvrage substantiel du Dr Robertson.

Buxton est, aujourd'hui, un bain très couru ; ville de 7-8.000 âmes, bien pourvue d'hôtels et de maisons garnies, pouvant loger 4-5.000 étrangers ensemble. Il est difficile d'en connaître le nombre par saison ; on m'a parlé de 20 à 25.000.

La saison, de mai à octobre, à son plein en juillet et août ; le 20 septembre je trouvais difficilement de la place.

Il faut distinguer deux villes : Buxton en haut, longée par High street, et Buxton-les-Bains, en bas, dans une sorte de cuvette cerclée par des collines.

En bas est le *Crescent*, bâti en 1780 par le duc de Devonshire, grand propriétaire du pays ; longue façade où sont les arcades, les grands hôtels et les boarding houses de premier ordre : Palace, Crescent, Saint-Anne, Old hall, etc. Je dois un souvenir à Old hall où ma pension de 8 sh. m'assurait chambre et quatre bons repas, chacun apportait sa boisson, et la vie de famille s'écoulait au milieu d'une agréable société.

Au-devant du Crescent est la promenade, *terrace walk* et, plus loin, le parc traversé par la Wye. Une grande salle vitrée, *glass house*, est affectée aux réunions, concerts, etc.

Climat. Sol. — L'altitude, 1000 p., soit 300 m., explique la rigueur de l'hiver où l'on compte 56 jours de neige et la moyenne annuelle de 44° F., 7° C. Les maxima d'été approchent de 30° C. Pluie 190 jours, hauteur 30 pouces, 75 cent. L'air est sec, tonique, sans fumée ni brouillards.

A la fin de septembre, nous eûmes quelques jours de beau soleil avec vent N. E. de plus en plus froid ; puis une pluie froide, désagréable qui chassait tout le monde.

Bonne eau potable très pure, ce qui s'explique par la nature du terrain.

Le terrain est constitué par le calcaire de Montagne, *Mountain limestone, Mill stone grit* ; de ses fissures sortent les sources.

Cette formation est remarquable par le nombre, l'étendue des cavernes et leurs dépôts, par la richesse des marbres et des agates dont on fait des mosaïques. A un demi-mille de Buxton, *Pooles Cavern* est une attraction à laquelle vient s'ajouter la légende du brigand ; en haut, *Diamond hill* renferme de beaux spécimens de quartz. Il y a aussi la caverne du *Peak* à Castleton, localité minière ; vastes chambres souterraines. Ce pays montagneux et pittoresque a été appelé Suisse anglaise.

Sources. Établissements. — *S. Anne's well* est au côté Ouest des arcades. Abritée sous un petit temple grec, coulant dans un bassin de marbre. Ouverte de 6 h. à 4, dit l'affiche. Eau tiède, 82 F., près de 28° C., sans goût, dégageant de grosses bulles d'azote.

La source ferrugineuse, dans une coquille, marque 12° C.

Les bains se divisent en *natural baths*, à température native, et *hot baths*, chauffés. Les piscines, à eau vive, mesurent 8-10 m. sur 5-6, assez profondes pour nager. Les cabinets, *private baths*, ont de grandes baignoires, des dressing rooms et W. C. Tout cela très confortable.

L'eau des piscines dégage aussi de grosses bulles ; elle a un beau reflet bleu sur les carreaux de porcelaine blanche. Elle arrive par des trous pratiqués dans les dalles, ne perdant point ses vertus initiales. J'ai vu le même fait dans les baignoires de Wildbad et ailleurs.

Nous devons une mention particulière à l'hôpital fondé par le duc de Devonshire en 1858. Belle construction à rotonde intérieure donnant asile à plus de 150 malades ; en 1873 il en est passé plus de 1.200 séjournant 20-25 jours.

Statistique de la Charité, 1838-68 ; sur 34.000 malades, 26.000 guéris ou soulagés, le plus grand nombre rhumatisants.

J'ai dit que l'eau avait une température de 28° C., tiède par conséquent. L'emploi à eau vive nous indique, par avance, un débit considérable : Pearson l'estimait à 116 gallons par minute, soit environ 750 mètres cubes en 24 hres ; d'autres parlent de 300 gallons, ce qui approcherait de 2.000 mètres cubes.

La minéralisation est très faible 0,25-0,30 par litre ; sels terreux.

Ici se présente la question de l'azote qui a tant passionné les médecins anglais. J'ai assez longuement traité ce sujet dans une publication spéciale sur l'azote 1889.

Le gaz susdit existe dans l'eau minérale dans la proportion de 99 % ; Playfair, en 1852, trouvait 206 pouces cubes par gallon, soit 750 cc. par litre ; Muspratt, 1860, allait plus loin : 504 p. cubes, soit 1800 cc. par litre ; j'ai pris soin de rappeler que le coefficient d'absorption de l'azote n'étant que de 25 % au plus, le maximum de contenance était de 25 cc. par litre. Donc le chimiste Muspratt multipliait ce coefficient par 72. Les mêmes erreurs furent commises en Espagne dans une proportion moindre, toutefois exagérée. Du reste, disais-je, l'action médicale de l'azote n'est pas démontrée : le Dr Robertson, auteur d'un bon livre sur Buxton, m'a souvent entrepris sur ce point ; voulant me convaincre de l'action énergique de l'azote, il pensait aussi qu'il y avait transformation en ammoniaque dans l'économie. Quand on s'engage dans la théorie pure, il n'y a plus de bornes.

Applications. — La boisson est l'accessoire, dose 1-3 pintes. L'eau passe pour digestive ; elle m'a paru avant tout diurétique ; prise en trop, le matin, elle donne de la pesanteur d'estomac et des vertiges.

C'est une observation que j'ai faite pour beaucoup d'eaux thermales simples.

Les bains naturels ne durent pas plus de 5-10 minutes ; les bains chauds de 15-20. J'ai constaté, par moi-même, qu'en plongeant dans la piscine on éprouve un saisissement brusque, lequel fait place à une réaction assez rapide, en nageant ; à la sortie du bain, un peu d'exercice donne un sentiment de vigueur et de bien-être, la stimulation est assez vive pour ne permettre que 3-4 bains par semaine. Plus de précautions à prendre avec les goutteux qu'avec les rhumatisants ; les sujets nerveux et sans réaction, les femmes à l'âge critique ne supportent pas toujours cette immersion. Une dame, encore jeune, mourut subitement après un bain trop long, pris de son chef.

Tout cela s'explique par la nature du traitement, qui se rapproche de l'hydrothérapie et qui demande les mêmes mesures de prudence.

La méthode de Nauheim pour le cœur a trouvé sa place ici.

Le traitement, essentiellement tonique, s'adresse aux débilités et aux convalescents. Beaucoup de rhumatisants et de goutteux, ces derniers ne doivent pas avoir d'indurations anciennes, ni de tendances congestives. Des névralgies sciatiques, des paralysies d'origine hystérique, quelques-unes spinales ; les chaises à roulettes témoignent du concours des paralytiques ; des fauteuils spéciaux pour les descendre dans le bain. Encore des suites des blessures. Maladies des voies urinaires des goutteux ; affections utérines liées à l'âge critique. Nous laissons de côté les indications secondaires.

Granville compare Buxton à Schlangenbad. Les deux eaux thermales simples qui s'en approchent le plus sont Badenweiler et Bagnoles-de-l'Orne : température presque égale ; traitement par les bains de piscine ; clinique analogue.

Environs. — Les collines qui entourent Buxton sont boisées et pittoresques ; il faut aller plus loin pour se convaincre que le Derbyshire justifie le nom de Suisse anglaise.

En premier lieu, la course de Matlock pour l'étude des ravins calcaires, des grandes cavernes et des eaux minérales. Il faut suivre la Wye et le Derwent dont les rives offrent ces beautés naturelles.

Matlock bridge est sur le flanc de la montagne, *Matlock bath* sur la rivière. Nombreux hôtels, villas et établissements d'hydrothérapie ; l'un d'eux est des plus anciens d'Angleterre. Les eaux sont connues depuis deux siècles. Les bains se donnent dans les hôtels mêmes. La température n'atteint que 68° F., 20° C. Parmi les maladies, dyspepsies, névralgies, rhumatismes.

Sur la route de Matlock se trouve une autre source faiblement minéralisée et tiède 60° F., 15° C. : c'est *Bakewell*. Du même genre *Stoney Middleton*, 18° C., aux environs de Chatsworth.

Chatsworth mérite bien une visite (toujours une route de rochers abrupts et de forêts coupées par des prairies), par le château qui conserve le souvenir de Marie Stuart et du maréchal de Tallard prisonnier.

Ce château du duc de Devonshire, de style Renaissance, à balustres, renferme des salons richement meublés ; des tableaux de maîtres ; des statues

de Canova, de Thornwaldsen, de Gibson ; des tables
et des vases en marbre du pays, en porphyre et en
malachite. C'est une villa italienne. Le parc a
11 milles de tour.

De Buxton, il est facile d'aller visiter deux
grandes villes : Manchester et Liverpool.

Manchester s'annonce, de loin, par la fumée de ses
cheminées. Le grand mouvement se voit au quartier de la Bourse où sont les beaux édifices ; la rue
d'York conduit aux quartiers populeux qui présentent un autre aspect. Au grand parc de Bellevue
sont les jardins zoologiques et botaniques assez
complets. Dans l'île est le panorama où j'ai vu
représenter, en septembre 1871, la chute de Stras-
bourg,

Liverpool est encore plus grande ville : hôtels
luxueux, North W., Royal, etc. ; bons restaurants ;
entre autres celui de la Bourse, où j'ai trouvé enfin
du vrai bouillon, si rare en Angleterre. Lime street
est le centre élégant où s'étalent les belles boutiques.
La bourse est très vaste ; S. Georges hall est affecté
aux concerts ; monument de Wellington. Tout ce
quartier est digne d'une grande ville.

Les parcs sont à l'Est ; sur la hauteur, le faubourg
de Birken head, élégant, bien aéré, sans fumée et
d'où la vue embrasse la ville, la rivière et les environs ; là habitent les riches négociants.

L'attraction principale est le mouvement extraordinaire des quais, des docks, des steamers qui arrivent des deux mondes. Communications conti-
nuelles avec l'Ecosse et l'Irlande.

Chester demande un trajet un peu plus long.
Queen's hotel est un des meilleurs de l'Angleterre. A

voir : la cathédrale gothique en grès rouge à grosse
tour carrée, le vieux château, les murs anciens, les
maisons à pignons sur arcades, les ruines romaines
des environs.

BATH

De Londres, 106 M., 2-3 heures par le G. Western, Paddington ; station célèbre et ancienne ; son
histoire détaillée serait longue et ne peut, ici, trouver
place. Passant sous silence la légende du prince
Bladud qui guérit ses pourceaux de la lèpre et s'en
guérit lui-même, dix siècles avant J.-C., nous rap-
pellerons les ruines d'un bain romain de première
importance dont les restes se voient encore et d'un
temple de Minerve, sous Vespasien. Il y a aussi,
tout autour, des restes de villas romaines; cela cons-
tituait l'emplacement d'*Aquæ Solis*. Le musée contient nombre d'objets romains, tronçons de colonnes,
poteries, tuyaux de conduite, médailles, etc.

Au VIe siècle, les Anglo-saxons donnèrent à
Aquæ Solis le nom plus barbare d'*Akeman Caes-
ter*. Au XIIe, le *Leper hospital* était sur la place de
l'Abbey.

Bien des souverains visitèrent Bath : Edouard III,
l'épouse de Jacques Ier qui vit une lueur soudaine se
dégager de la piscine; Charles Ier, la duchesse de Cle-
veland dont on montre la baignoire, la reine Anne
en 1703.

Au XVIIe siècle, le Cross Bath et le Kings Bath
passaient pour le rendez-vous de l'élégance.
Au XVIIIe s'élevèrent les crescents et les édifices des
grandes rues. La fashion déploya tout son éclat

sous l'administration, quelques-uns disent le règne, du Beau Nash qui fut en effet le roi de la mode.

Aujourd'hui tout est calme, trop calme, au dire des habitants que le mouvement enrichissait.

Bath (Somersetshire) est une grande ville d'environ 50.000 âmes, laquelle n'a pas augmenté depuis 20 ans. La rivière Avon l'entoure d'un demi-cercle et, du sommet de *Beechen Cliff* la vue s'étend sur un panorama saisissant de grandes voies, de terrasses, de crescents, d'allées et de jardins plantés de gros arbres. Les maisons, construites en pierre, vous reposent de la brique de Londres.

Les hôtels de premier ordre sont bien tenus : des Bains, du Pump room, d'York, etc. Le dîner complet à 4 sh. 6 d. ; en tout par jour 12 sh. ; pension 3 guinées per *week*. Dans la grande rue, High street, les hôtels de second ordre, plus modérés, sont tenus proprement.

Les boardings sont la ressource des petites bourses ou plutôt des moyennes (1).

Les grandes rues ont leurs boutiques séduisantes comme celles de Regent street. Les plus beaux quartiers sont à l'Ouest, Victoria Park.

Plusieurs maisons hospitalières : Royal united hospital, Bellot; S. Catherine pour les vieilles femmes.

---

(1) Je conserve un bon souvenir d'une maison de South Parade, où la pension à 8 sh. était très soignée et la vie de famille agréable. Dans les maisons garnies, les gens sont d'une politesse et d'une prévenance charmantes.

Les femmes de l'Ouest ont ces figures ouvertes et ce sourire doux que vous trouvez en Vendée, vestiges de la vieille race que les invasions romaines et franco-germaines n'ont pas totalement altérés.

Climat. Sol. — La ville est peu élevée au-dessus de la mer, dans la partie qui borde la rivière. Cette partie basse est plus abritée et plus chaude l'hiver. La protection générale est fournie par les collines Nord-Est. L'hiver ordinaire, 40° F., un peu plus de 4°. C'est un peu moins froid que celui de Londres, plus froid que celui de la côte Sud ; mars est le mois le plus pénible, bien que les vents d'Est soient un peu arrêtés. Le Dr Stockwell m'a affirmé n'avoir vu que trois fois dans sa vie de la glace dans l'Avon. Chaleurs assez fortes en plein été, plus sensibles à cause de l'humidité ; j'ai constaté ce fait dans mes courses à pied. Pluies fréquentes comme dans toute la région Ouest, principalement en novembre.

Pendant une quinzaine de la fin d'octobre nous avons eu un temps assez beau et doux ; 4-5 jours de pluie, 2-3 couverts et une fois, le matin, un brouillard épais, le thermomètre tombant à 4°.

Donc le climat est mou, *relaxing*, et les baigneurs qui ont besoin d'air feront bien d'habiter sur les terrasses.

Autour de Bath le terrain est formé par la grande oolithe qui dépasse 10 m. de puissance et qui fournit une bonne pierre jaune clair pour les constructions On y trouve Térébratules, Rostellaires et Polypiers très volumineux. Le lias apparaît en plusieurs points.

Sources. Buvettes. Bains. — A voir les buvettes, on les croirait d'une grande importance dans le traitement ; je n'y ai jamais vu beaucoup de monde. En temps de pluie, ce sont des promenoirs précieux.

The Grand Pump room est une grande construction de 1796. Au-dessus du fronton se lit une inscription tirée de Pindare : Ἄριστον μὲν ὕδωρ ; musique dans le promenoir. Une niche à colonnettes contient un vase et une coquille d'où tombe l'eau fumante ; j'ai trouvé 46° C., 114 F. Tarif 1 sh. 6 d. per *week*.

La buvette *Hetling Pump room* m'a donné 41° C., 106 F. Elle porte une inscription originale (1).

Une buvette libre derrière le Bain Royal donne l'eau au public.

Les établissements de bains, leurs cabinets et leurs piscines ont droit à un examen plus complet.

En premier lieu *King's and Queen's Bath* attenant au Pump room, présentant colonnade et fronton. La statue du prince Bladud est là pour rappeler la légende.

Quatre bains de première classe ont un *dressing room* avec canapé et meubles divers ; un *bathing room* où de grandes baignoires ont des marches pour descendre ; enfin W. C., cela pour 2 sh. — six bains de seconde classe, et disposés de la même façon ; quelques-uns de troisième. Les chambres les plus modernes ont été ajoutées pour le massage sur le modèle d'Aix et de Vichy.

La source principale qui alimente l'établissement a 116° F., 47° C.

Deux piscines sont organisées pour le bain à l'air libre ; tout autour des arcades servent d'abri, et des anneaux de bronze qui portent les ex-voto, l'un est de 1612. La plus grande, de forme irrégulière, mesure 15 mètres sur 10 et 1,30 de fond, capacité près de 200 mètres cubes. Au centre bouillonne la source entourée d'une balustrade. La température moyenne

(1) « The spring cash up from deepth unknown ; but at their source in the deep caves of earth, a spirit dwells who like an angel, gives to the water a most healing virtue. »

est de 38°, mais elle varie suivant que les baigneurs s'approchent plus ou moins du milieu thermal. Quand le réservoir se nettoie, le pavé paraît à découvert. La source elle-même n'est nettoyée que deux fois l'an, il en sort un sable noirâtre imprégné de matière organique, des dépôts ocreux et calcaires.

La deuxième piscine, organisée comme la précédente, est plus petite et moins chaude.

Le *Royal private bath* a quatre bains de première et autant de seconde classe. Toujours les trois pièces mentionnées plus haut. Le cabinet où je me suis baigné avait 4 m. 1/2 sur 3 et 4 de cerceau; plus de 50 mètres cubes. Des fauteuils à poulie descendent les infirmes dans les baignoires profondes.

La piscine, 20 m. sur 10, à courant continu, se vide deux fois la semaine; la température variait entre 90 et 95 F., 32-35° C. Ce réservoir est remarquable par sa haute coupole vitrée.

Le *Cross bath* a perdu sa belle clientèle. Piscine publique en plein air; temp., 37-38° C.

Le *Roman bath*, sur les ruines des thermes anciens, près l'Abbey; seconde classe. Trois bains avec dressing room. Petite étuve pour bains de vapeur.

Le *Nevv bath*, ouvert en 1870 et relié au Grand hôtel (condition excellente pour les clients de la maison), a une vaste salle d'attente, un couloir de 180 pieds de long, bien éclairé et chauffé à la vapeur. Mêmes dispositions que dans les bains précédents, chaque baigneur disposant de trois pièces; aération par le haut; grands cabinets, baignoires contenant 780 gallons, soit 3.500 litres; mêmes appareils pour descendre les infirmes. Prix aussi modérés. Le

Swimming bath for ladies bien décoré, à 88° F., 31° C.

Les bains se prescrivent de 32-37° C. ; durée 10-20 minutes. Les immersions de piscine peuvent se faire à une chaleur plus grande à cause de la respiration libre en plein air, 38-39°, et même 40-41°, *hot bath.*

La source la plus chaude dite *hot bath* atteint 120° F., 49° C.

L'eau qui nous occupe est faiblement minéralisée, le total des sels atteint à peine 2 grammes : sulfate de chaux 1,3 ; sulfate de soude 0,3 ; chlorures 0,4 ; carb. calcaire 0,1 ; un peu de fer et traces d'arsénic. Quant au gaz carbonique, près de 1/10° de volume. Il ne reste comme facteur important que la température.

Point de rapport étroit à établir entre les terrains d'origine et la constitution chimique. Le degré élevé de chaleur suppose un réservoir profond.

Applications médicales. — La boisson est l'accessoire ; les bains sont la vraie médication.

La dose à boire est d'un demi-litre à un litre : goût fade, mais la chaleur facilite l'ingestion du liquide. L'effet laxatif, dont il est parlé quelquefois, s'explique par l'addition de sels amers employés à une certaine époque. C'est un diurétique et un diaphorétique. Une dose trop élevée peut irriter les voies urinaires.

Les bains, dont la durée ordinaire est de 20 minutes, peuvent devenir excitants par leur calorique ; aussi est-il d'usage de les donner tous les deux jours. Même remarque pour les douches prescrites deux ou trois fois la semaine.

Quant au régime, je n'ai rien vu de spécial. La

saison est de quatre à six semaines ; Tunstall est allé jusqu'à quatre mois. L'hiver est la saison principale. Au mois d'octobre, il m'est arrivé d'être seul dans la piscine.

La clinique de Bath, très variée, n'est pas facile à résumer en quelques lignes ; je renvoie pour les détails aux livres substantiels du Dr Tunstall et du Dr Falconer.

Pour me renseigner d'une façon pratique, j'ai suivi à l'hôpital les visites de Falconer et de Coates (1).

L'hôpital, *Mineral water hospital*, près du grand hôtel, date de 1742 et il a été agrandi : bel escalier, vastes salles de réunion, dortoirs divisés en sections de 15 à 20 lits ; baignoires et piscines spéciales aux malades. Les visites se font à midi. A cette époque, il y avait 200 lits.

Les principaux cas se rapportaient au rhumatisme et à la goutte chroniques, souvent avec déformations articulaires ; jamais je n'avais vu tant de goutteux dans la classe ouvrière. Paralysies, rarement hémiplégiques ; quelques paraplégies hystériques, nombre de paralysies par le plomb. Ces dernières sont très communes à cause du cidre qui séjourne dans des vases de plomb ; s'il y a paralysies des extrémités, *dropped hands, dropped feet*, les résultats sont remarquables ; action presque spécifique, dit Falconer. Parmi les affections herpétiques des eczémas, impétigos, psoriasis, lèpre vulgaire ; dans quelques cas,

---

(1) D'autre part, une certaine intimité avec le médecin résidant Coppinger me permettait de voir, avec lui, les malades hors des visites et de les examiner de plus près. Ce jeune médecin irlandais m'a laissé le plus charmant souvenir.

bains prolongés. Quelques cas de traumatisme ; il me semble que les blessures de guerre trouveraient leur place. Les paralysies apoplectiques sont considérées comme contre-indication et ne sont admises qu'au bout de plusieurs mois.

Aux paralysies des extrémités, il est bon d'adjoindre celles causées par refroidissement ou par abus de la contraction musculaire. Un cas de guérison rapide chez un pianiste est rapporté par Tunstall.

Viennent ensuite les maladies nerveuses, chorée, hystérie ; les névralgies, en tête la sciatique de caractère rhumatismal ; les troubles menstruels et les maladies de l'utérus plutôt superficielles ; les suites de syphilis, etc.

Les médecins de Bath se déclarent mal armés contre les lésions profondes : *functionnal and not structural diseases* ; ils excluent ce qui porte le caractère d'*arterial excitement*. Point de phtisiques ni scrofuleux, point d'ulcères et de suppurations chroniques.

On rejettait également les affections cardiaques ; je ne sais si l'introduction, assez récente, du traitement de Nauheim a fait merveille.

Les goutteux, si nombreux dans le Royaume-Uni, forment une partie notable de la clinique. Il peut survenir un paroxysme pendant la cure. Le rétablissement des fonctions digestives et de la transpiration est suivi du retour des forces chez ceux que de longs accès avaient débilités.

Quel parallèle rationnel est-il possible d'établir entre Bath et les eaux similaires du continent.

Prenons-nous acte de la haute thermalité et de l'abondance : nous avons Bagnères-de-Bigorre, Louèche, Lucques et autres bains de Toscane ; ce sont aussi des nappes minérales où domine le sulfate de chaux. Les indications thérapeutiques sont assez analogues.

Sous le rapport clinique, le rapprochement se ferait avec nombre de thermales simples : Néris, Evaux, Plombières, Bains, Luxeuil, Ragatz ; Wildbad et Gastein, Teplitz. Je ne prends ici que des sources, abondantes et chaudes, peu riches en sels. Elles sont toniques et résolutives. Leur action spéciale sur le système nerveux leur a valu le nom de Nervines, dont la signification convient à leurs vertus.

L'usage des piscines s'explique par la richesse du débit (1).

Environs. — La ville elle-même, avons-nous dit, possède d'agréables promenades et l'air est plus pur dans la partie Nord où sont les terrasses élevées. Signalons le parc Victoria et Prior park, bâti par R. Allen au XVIIIe siècle (souvenir de Pope).

En allant au bout de la ville, par London road, puis le long de la rivière, on atteint *Bathampton*, ensuite l'église de Wittcombe tapissée de lierre. — Au S.-O., sur un plateau à 3 M. environ, se trouvent les carrières de Combe. La pierre oolithique blanche est ici assez tendre ; j'ai trouvé d'ailleurs l'oolithe plus dure. — Le château de *Claverton* est encore une promenade à pied.

(1) Bath est presque le seul bain anglais où j'aie rencontré quelques familles françaises.

Les courses aux environs sont rendues difficiles par les contournements des petites vallées et par les murs des chemins.

Clifton. — Pour s'y rendre, la route passe par Bristol, grande ville commerçante, traversée par l'Avon, qui porte de gros bâtiments. De là il est facile d'aller en bateau à Cardiff, la ville du charbon. Le faubourg de l'Ouest se relie à Clifton.

Cette gracieuse petite ville est bordée à l'Ouest par l'Avon, qui remonte vers le Nord au sortir de Bristol. Du haut de la tour, charmante vue sur les coteaux boisés. Le pont suspendu, à une hauteur de 300 p., donne le vertige comme à Fribourg. La pureté de l'air a fait construire des collèges dans le genre de Cheltenham.

Station d'hiver à cause de la protection des rochers N. E. ; climat plus doux que Bath, sol : grès rouge quartzeux du Mountain limestone.

La source *hot well*, d'ancien renom, qui s'exportait aux Indes, est presque abandonnée : température 74° F., 23° C. ; minéralisation faible.

Salisbury. — A 2 ou 3 heures par le chemin de fer. Grande cathédrale gothique surmontée d'une tour carrée et d'un énorme clocher finement ciselé. La grande nef, toujours coupée en deux, est dominée par une voûte gothique pur, appuyée sur des colonnes légères. C'est une des belles églises d'Angleterre. Cette excursion a aussi pour but de visiter le monument druidique de Stonehenge, le plus curieux de l'Angleterre et de l'Europe.

Stonehenge. — A 9 M. de Salisbury, 1 h. 30 de voiture. La route suit d'abord la vallée de l'Avon riante par ses arbres et ses prairies ; en-

suite un terrain maigre et de plus en plus dé-
sert.

Plusieurs éminences entourées de dépressions cir-
culaires sont d'anciens tumuli. Le monument druidique apparaît sur un point élevé.

La forme générale est celle d'un cirque ; l'enceinte
extérieure, assez bien conservée, m'a donné 33 mètres de diamètre, environ 100 m. de pourtour. L'enceinte intérieure est formée de deux demi-cercles
dont l'un presque entier. Quatre pierres isolées mar-
quaient, dit-on, la marche du soleil et ses points
extrêmes de lever et de coucher ; l'entrée est à l'Est,
l'autel à l'Ouest.

Les menhirs, disposés en colonnes, supportent les
dolmens figurant les architraves. Les premiers ont
des sommets taillés en tenons qui s'emboîtent dans
les mortaises des seconds. Les menhirs ont des rectangles qui vont en diminuant de la base au sommet.
Les dolmens, un peu concaves en dessous, sont un
peu convexes en dessus.

J'ai mesuré le plus gros des menhirs : à la base
2 mètres sur un d'épaisseur. La hauteur du cercle
extérieur est de 15-16 pieds ; le cercle intérieur s'é-
lève en approchant de l'autel jusqu'à 25 p. ; la mesure est facile, car ce couple est couché à terre depuis
l'an 1620 (1).

______

(1) Stone henge veut-il dire pierre pendante, ou bien, en langue
saxonne, *Stone-ing,* champ pierreux? Quelle en est l'origine? La
légende nous dit que ces énormes pierres furent portées d'A-
frique en Irlande par des géants; puis le roi des Bretons les aurait fait transporter par l'enchanteur Merlin.

Ces monuments semblent dater de l'âge de bronze. Giraldus Cam-
brensis prétend que le monument rappelle le massacre des chefs
bretons par les Saxons ; les historiens romains sont muets, excepté

Ces pierres de Stonehenge n'appartiennent pas à la contrée du Wittshire ; il a fallu une grande force mécanique pour les transporter.

En Bretagne, Carnac est le lieu célèbre des pierres druidiques. Je trouve là une grande différence avec Stonehenge. Au lieu d'un grand édifice circonscrit, Carnac déroule un alignement interminable de menhirs semblables à de grands fantômes en marche. Quelques gros dolmens, entre autres celui de S. Michel ; rien qui rappelle un temple. La légende les représente comme des païens métamorphosés en pierre. Toujours est-il que ce sont des pierres druidiques, de forme classique, pouvant indiquer soit des monuments funéraires (les tumuli ne manquent pas), soit des avenues d'un temple dans le genre de nos chemins de pèlerinage.

Il y aurait encore bien d'autres eaux à mentionner en Angleterre, mais peu connues ou peu importantes. Je me bornerai aux suivantes :

Woodhall, Lincoln, contrée marécageuse ; chlorurée forte sodique, calcique, magnésienne, légèrement iodée. Eaux mères, contre la scrofule, les catarrhes des voies aériennes, les maladies utérines, fibroïdes.

Héracléus, qui mentionne un grand temple dans l'île des Hyperboréens.

Etait-ce un tribunal ou une arène ? La plupart des historiens pensent que ces enceintes étaient des temples.

Dans un rayon de 3 M., il y a plusieurs centaines de tumuli, tombeaux par incinération et objets de bronze.

Abury, sur la voie de Bath à Marlborough, avait une enceinte plus vaste ; la plupart des pierres ont disparu.

Quelques cercles de pierres ont été trouvés dans l'Inde et en Algérie.

Scarborough : une source salée et sulfatée ; une autre, *chalybeate*, près du Casino, d'un usage libre : j'y ai vu des conferves ocreuses et j'ai trouvé 12° C.

Askern (Yorkshire) : eau froide séléniteuse et sul- fureuse ; installation suffisante.

Nantwich (Cheshire) : eau froide, salée forte et sulfatée. Droitwich, Glocester.

Dans cette partie de l'Ouest où domine le grès rouge représentant une portion du trias, nombre de sources salées fortes.

EAUX D'ÉCOSSE

L'Écosse, plus connue des touristes que des hydrologues, est, en effet, assez pauvre en eaux minérales.

Le voyage de Londres à Edimbourg, par York se fait en un peu plus de 10 heures par le train rapide du matin (50 M. à l'heure). Après York, dont il a été question, Durham et sa belle cathédrale à deux tours ; contrée d'usines et de fonderies, de grasses prairies où paissent les vaches si renommées. Ensuite apparaît Newcastle, noyée dans des nuages de fumée, avec ses amas de charbon, son mouve- ment commercial, son immense pont sur la Tyne.

A Berwick, entrée en Ecosse et route pittoresque où reparaît l'air pur sur le bord de la mer. Dunbar rappelle la prison de Marie Stuart ; Cockburn la vic- toire de Cromwell ; Preston Pans, le succès éphémère du prétendant Ch. Stuart, 1745. Toute cette côte est pleine de souvenirs : à Ravenswood Castle, c'est la fiancée de Lammermoor. L'arrivée à Edimbourg, au soleil couchant, est d'un effet magique.

L'autre route, par Carlisle à Glascow, passe du côté de lacs et fait voir la campagne anglaise dans toute sa fraîcheur.

BRIDGE OF ALLAN

A peu près à égale distance d'Edimbourg et de Glascow ; entre Stirling et Dunblane.

Petite ville assez moderne et bien bâtie sur l'Allan, qui se jette dans le Forth. Une grande rue partant du pont ; beaucoup de villas et jardins ombragés. Bons hôtels : Royal, Queen, etc.

Sa situation, aux pieds d'une colline boisée, appartenant à la petite chaîne *Ochill hills*, l'abrite des vents N.-E. Peu de brouillards, climat plus doux qu'Edimbourg.

Les roches sont constituées par du grès calcaire, ce qui a permis les constructions en pierre.

Il ne m'a pas été possible de savoir le nombre des visiteurs. Déjà, en 1871, époque de mon premier passage, ils étaient très nombreux ; en une seule semaine du commencement de septembre, je vis 500 familles inscrites à nouveau.

Sources. — Les sources se trouvent dans la partie haute, assez profondes ; une pompe remonte l'eau qui s'écoule par des robinets à bec de cygne. Le Pump room consiste en un pavillon de bon aspect ; deux salles permettent aux buveurs de circuler à couvert. Ils arrivent assez tard dans la matinée. Les W. C., dissimulés en arrière, témoignent de la vertu du liquide minéral.

Les bains n'ont pas d'importance, c'est une cure accessoire. Etablissement hydrothérapique fréquenté ; pension 3 l. per *week*. Bains turcs.

L'eau coule des robinets à 10° C. ; elle est claire, non gazeuse, peu agréable au goût, si je m'en rapporte à mes sensations, le mélange du salé et de l'âcre n'ayant rien d'engageant. Il est d'usage de la boire, réchauffée, dans les verres d'une pinte (plus de 1/2 litre).

L'ancienne et la nouvelle analyse, peu dissemblables, donnent : chlorures de sodium et de calcium environ 5 gram. de chaque ; 0,5 de sulfate calcique ; autres éléments sans valeur.

L'action est diurétique, laxative ou purgative suivant la dose ; avec 2 ou 3 verres la purgation est presque assurée ; leur ingurgitation demande un certain courage.

Je tiens du Dr Patterson, encore un aimable confrère, que les indications sont relatives aux maladies intestinales, à celles du foie, des reins, etc. Cette station a été appelée *Scottish Cheltenham*.

Environs. — Plusieurs courses intéressantes dont quelques-unes voisines.

Dunblane, par une route bordée de gros hêtres. Cathédrale en ruines, sauf le chœur gothique. Terrain old red sandstone dévonien. Eaux analogues aux précédentes, peu fréquentées.

Bridge of Earn, près de Perth. Terrain dévonien et carbonifère. Source temp. 10° C. ; chlorure de sodium et de calcium de chaque 2 grammes. Mêmes applications.

Plusieurs eaux salées, du même genre, se rencontrent dans ces régions. *Innerleithen* est plus loin, de l'autre côté du Forth.

Perth, près du Forth of Tay, nous est connu par le roman de W. Scott. Grande ville dont les rues très larges sont mal tenues et tristes. A voir le *Scone palace*, vieux fort des rois d'Ecosse.

Des parties hautes de Bridge of Allan la vue s'étend sur une plaine célèbre dans l'histoire : bataille de Bannock burn gagnée par R. Bruce, 1314; Lord des îles de W. Scott; monument de Wallace, château de Stirling.

Stirling reçoit beaucoup de visites à cause du château, une belle allée d'ormes y conduit par une pente assez rapide. Ancien fort romain, château moyen âge servant de caserne, assis sur une roche noire de forme prismatique. Promenade libre dans les cours sur l'esplanade et sur les glacis. Du chemin de ronde vue magnifique sur le Forth, les Grampians et le Ben Lomond. On montre la chambre de Douglas tué par Jacques II et la fenêtre d'où le corps fut précipité. Plus loin le manoir des comtes d'Argyle et les ruines d'un autre où habitèrent les comtes de Mar. Au bas du cimetière, la vieille église des *Greyfriars*, qui a son cachet.

Il est peu de sites aussi pittoresques et si riches de souvenirs (1).

(1) De Bridge of Allan, il est facile d'aller visiter Edimbourg et Glascow, lesquels sont reliés par des trains rapides.

Cette partie des basses terres est peu boisée et renferme des champs de landes et des bruyères. Falkirck possède des forges nombreuses. Les tranchées du chemin de fer laissent voir des masses noires basaltiques.

Glascow est une ville de ressources très animée le jour, morte le soir. La gare en plein centre : les hôtels, les grandes rues, les quartiers neufs; Queen street, Buchanan, Argyle st., un beau passage entre les deux. Le square Saint-George et les monuments : colonne de Walter Scott; statues de la reine, du

Trossachs. — Excursion classique qui a mis en vogue, chez nous, le voyage d'Ecosse. Bridge of Allan par Callander, les lacs et retour par la Clyde, Dunbarton et Glascow ; complète de cette façon, elle demande deux jours pour bien voir.

Callander est promptement atteint par voie ferrée. Là est le grand hôtel Dreadnought, rendez-vous bruyant des touristes. Avant tout, visite des *Falls of Brocklin*, à 1/2 heure de distance. La cascade tombe dans le lit profond sur des blocs de grès rouge ; landes de bruyères et marécages ; vaches blanches ou marron à petites têtes et à petites cornes.

De l'hôtel partent les breacks pour l'hôtel des Trossachs, 1 h. 1/2. Alors commencent les highlands.

La scène change : ce sont des pics montagneux tels que le Ben Ledi et le Ben Venue ; un pays plus sauvage, des landes et des marais. Aux bords du lac Venachar apparaissent les bœufs à longs poils fauves et noirs qui les font ressembler aux bisons.

Plus loin commence le défilé des Trossachs et le *Bridge of Turc*, scène de la Dame du lac, W. Scott. L'hôtel apparaît comme un château mystérieux.

L'hôtel est situé sur les bords silencieux et ombragés du petit Loch Achray, aux pieds du Ben Aan. Rien de plus coquet que cette demeure où, deux fois à un long intervalle, j'ai trouvé si bon

prince Albert, de Wellington par Marochetti ; de James Watts dont le premier steamer parut sur la Clyde en 1812. Beaux quartiers de l'Ouest, parc West-end ; vue sur la nouvelle université. Vieux quartiers de l'ancien collège. Beaux fruits : raisins très beaux, 6-8 D. la livre.

gîte. La note de la journée fut de 15 sh., y compris le
claret. Les teintes du soir sont délicieuses, et si vous
arrivez à la tombée de la nuit, vous avez l'illusion
d'un château enchanté ouvrant sa porte aux chevaliers errants.

. Les lochs Katrine et Lomond ont chacun leur
caractère : le premier plus petit, plus ombragé,
plus gracieux ; le second plus grand, moins bien
encadré.

Le bateau qui longe le loch Katrine, pendant une
demi-heure, fait voir l'île d'Ellen, les collines boisées, les sommets du Ben Venue et du Ben Lomond,
ainsi jusqu'à l'hôtel Stronachlacher. Quelques promenades à pied aux bords du lac permettent d'étudier les schistes durs, les grès ; les fougères et les
bruyères, et les petites tourbières marécageuses. Il y
a de beaux chênes, quelques ormes, des frênes, des
bouleaux noirs tachetés de blanc. Les herbes aromatiques donnent une qualité à la viande des petits
moutons. Les vaches à longs poils ont de bon lait.

. J'ai constaté que les eaux des lacs n'ont pas la
couleur bleue, même par un beau soleil.

Le loch Katrine fournit une bonne eau potable
à Glascow, 2 hectol. par tête ; la canalisation a coûté
40 millions de francs.

. Aux environs d'Inversnaid est le tombeau de
Rob Roy et sa grotte. Encore un hôtel de touristes ;
ils sont tellement nombreux.

En deux heures, le bateau du lac Lomond conduit à Balloch, embarcadère du chemin de fer ; hôtel.
Pendant la traversée, coup d'œil sur les îles propriété
de lord Montrose et sur la riante vallée de Tarbet.
Le mouvement, en été et en automne, dépasse l'ima-

gination. A cette dernière époque, la saison est plus fixe ; le brouillard est à craindre.

MOFFAT

Dans le comté de Dumfries. A 8 heures de Londres par Carlisle ; à 2 h. d'Edimbourg et de Glascow.

Connu depuis plus de deux siècles, conserve le souvenir de David Hume. C'est une petite ville d'environ 2.000 âmes, en grande partie neuve, offrant des ressources d'hôtels et de logements. Déjà, il y a trente ans, plus de 5.000 visiteurs y étaient passés dans la saison, le nombre a augmenté sans qu'il soit possible de le fixer.

L'air est vif à une hauteur de 400 p. ; les petites montagnes, *Cumberland's hills*, forment un abri. La saison est pluvieuse comme partout en Écosse, mais le sol sèche rapidement. Il appartient au silurien inférieur et pointements de permien. Bonne eau potable.

Moffat well est à 2 kilom. de la ville, ce qui demande une promenade assez longue pour aller boire au Pump room ; c'est une procession le matin ; pour les bains, l'eau arrive à la ville par des tuyaux, trajet un peu long pour une source sulfureuse. Le grand établissement hydrothérapique est le plus suivi.

L'eau, peu riche en sels, est imprégnée de gaz sulfhydrique peu stable. La dose est de 3-4 verres assez grands. Elle se boit facilement, le goût sulfureux n'étant point mêlé de goûts étrangers.

L'hydrothérapie et la cure d'air semblent tenir le premier rang : d'où la présence des débilités, des convalescents, des anémiques. Glascow fournit son contingent. Autres indications : rhumatisme scrofule, maladies de peau ; dyspepsie, troubles intestinax ; maladies des femmes (genre S. Sauveur), point de diathèse tuberculeuse.

Une source ferrugineuse, comme partout, laquelle passe pour sulfatée.

Gisland est une fontaine sulfureuse près de Carlisle.

Environs. — A visiter les sources d'origine de la Tweed et de la Clyde.

Entre Moffat et Glascow sont les chutes de Lanark, célèbres parmi les touristes.

A Lanark, où est la statue de Wallace, il faut faire une demi-heure à pied en suivant une vallée pittoresque, creusée dans un ravin calcaire ; puis franchir deux portes. La première chute, *Coralinn* (du nom de Cora, princesse calédonienne, dont le château n'est plus qu'une ruine). C'est une masse d'eau tombant d'une centaine de pieds, en trois cascades, et qu'il faut voir d'en bas et du pavillon d'en haut d'où le ravin se déroule à l'œil. La seconde chute, appelée Bonnington, est moins saisissante ; quant à la troisième, Stonebyres, la plus considérable, la distance ne m'a pas permis de la voir.

De Lanark à Glascow, il est mieux d'aller en voiture, pour voir les mines et les forges du pays de Coatbridge, et les ruines normandes de Botwell Castle. Partout le souvenir de la pauvre reine d'Ecosse.

STRATHPEFFER

A 18 heures de Londres, à 7 ou 8 h. d'Edimbourg; dans le Nord de l'Ecosse, Rossshire, à 5 M. de Dingwall, capitale du Comté.

La route d'Edimbourg à Strathpeffer passe par Perth et Dunkeld. La forêt de *Birnam* rappelle le dernier combat de Macbeth, c'est l'entrée des hautes terres, highlands. Autre épisode de la guerre de Jacques II au défilé de Kiliekrankie, défendu par les Ecossais en 1688. Les passes de Blair Athol étaient gardées par la famille de ce nom; hôtel de touristes. Ensuite Kingussie et le point culminant des Monts Grampians. Mon baromètre marquait 730, puis 770 au bord de la mer, soit: environ 450 m. d'altitude. Cette traversée de montagne est des plus attrayantes, même en chemin de fer. La descente conduit dans une plaine fertile, puis au bord de la mer.

Cette petite ville de bains est connue depuis la fin du XVIIIe siècle et surtout le commencement du XIXe par le Dr Morrison. Skye railway a contribué à sa vogue.

La vallée S. S. O. à N. N. E. se dirige vers Dingwall; la ville thermale est dans la partie haute, Sud-Ouest; hôtels de bonne apparence, Gregor, Spa, etc.; pension 2 à 3 L. per week; villas perdues dans les arbres et les jardins; nombre de maisons neuves. Je ne m'attendais pas à trouver si bien à cet extrême Nord.

La latitude approche du 58e degré; pour l'altitude indiquée 200 p., j'ai trouvé 50 m. à la buvette. La vallée est suffisamment abritée ; le climat tempéré permet une saison longue.

La végétation témoigne de la douceur de la température : blés, avoines, orges d'une belle venue, les foins se coupaient le 25 juillet et la moisson vers le 15 août ; légumes de toute espèce, à profusion ; fruits, fraises, cerises ; gros harengs frais à 6 D. la douzaine, etc.

Dans les jardins j'ai vu de beaux lauriers ; dans un parc voisin des frênes énormes, sans parler des hêtres, des sycomores, des mélèzes. D'autre part la *Linnea borealis*.

Les schistes des collines sont de l'époque silurienne ; il en est de friables, quelques-uns exhalent par le choc une odeur de bitume. La couleur grisâtre domine et quelques faces ocreuses tranchent sur la teinte du fond. Le grès dévonien, old red sandstone, n'est pas loin ; des wagons chargés de grès à bâtir arrivent de Dingwall. Les gneiss et micaschistes des murs de clôture viennent de plus loin, vers l'Ouest.

Sources. — Le Pump room est au milieu d'un bouquet d'arbres ; la salle où s'assemblent les buveurs est munie d'une buvette à robinets. Les sources se distinguent en *old*, *upper*, *strong well*, *chalybeate*, qui arrivent là par des tuyaux.

Strong well, la principale, est froide, d'un goût sulfureux fort et le goût de bitume mêlé, constitue un breuvage assez désagréable ; d'où la nécessité de l'atténuer par des coupages de lait et de sirops. Quoi qu'il en soit, j'ai vu certains malades en avaler de grands verres. Pour ma part, je tolérais à peine la valeur d'un verre à bordeaux.

Les cabinets de bains, de douches, de massage

complètent la cure. La boisson et les bains se prennent avant midi ; beaucoup de monde de 10 h.–12 h.

On voit dans le ruisseau plusieurs filets sulfureux révélés par des bulles de gaz odorant.

L'analyse révèle peu de sels communs ; une quantité insolite d'hyd. sulfuré, 37 pouces cubes par gallon, soit 40 c. cubes au litre.

Traitement : rhumatisme, maladies de peau, de la muqueuse respiratoire. J'ai vu un grand nombre de prêtres.

Quelques points de rapprochement avec Schinznach ; plutôt avec Ciclana près de Cadix : mêmes roches à odeur bitumeuse, même excès de sulfuration, mêmes applications (1).

Environs. — Excursions nombreuses : Inverness et le château Cawdor Castle (souvenirs de Macbeth, et du meurtre de Duncan) ; champ de bataille de Culloden, Tantalon Castle près de Nairn. Dingwall où quelques heures de railway mènent aux points extrêmes du comté de Caithness, Wick et Thurso ; courte traversée aux îles Orkney. La grande attraction est du côté de l'Ouest vers le loch Maree et l'île de Skye. Pour bien faire, il faudrait coucher deux nuits à l'hôtel de Gairloch.

Le **Loch Maree** est une promenade très courue ; c'est la partie montagneuse et sauvage des highlands.

Une heure de railway conduit à Achnasheen, où s'ouvre la scène du Nord de l'Ecosse ; c'est d'abord la courbe gracieuse du lac Luichart ; puis les montagnes s'élèvent couvertes de landes. Le coach, bien

(1) Chose singulière : ces pierres odorantes, que j'ai conservées de longues années, le devenaient encore par le frottement.

attelé, met trois heures pour atteindre l'hôtel Loch Maree ; il suit des gorges de plus en plus sauvages, et, des hauteurs, la vue se promène sur le lac et les montagnes. Puis il côtoie les bords du lac plus boisés ; au delà du lac, des rochers dénudés.

L'hôtel, propre et élégant comme un des meilleurs de Suisse, est placé pour la vue des îles et des rochers. Même hospitalité qu'aux Trossachs.

Une jolie promenade à pied, jusqu'à la cascade, donne l'idée de la contrée : les bouleaux, les mélèzes, les pins étalent leurs feuilles élégantes. Le fond du terrain est couvert de fougères et de mousses, de gazons sur un sol humide et spongieux ; chaque dépression est un petit marais. Il se forme une masse tourbeuse dont les sections noirâtres sont trempées d'une eau noire qui en sort. Cette matière fournit un combustible à 5 sh. la tonne.

J'ai fait lever plusieurs vols de grauses ; j'ai vu de petits moutons blancs à *black faces* qui passent pour excellents ; des vaches café au lait ; de petits chevaux et, de loin, des cerfs décorés du nom de rennes. Au bord du lac des vols de mouettes et, chose surprenante, des moustiques.

De temps en temps paraissent quelques huttes couvertes de paille et de mottes gazonnées. Les paysans élèvent du bétail et louent des chasses.

D'après les renseignements, pris sur place, l'hiver n'est pas très dur et la neige peu épaisse, à part les sommets de 3-4000 p. La temp. du lac était de 17° C. fin juillet.

Le gneiss domine dans les masses rocheuses souvent en blocs détachés, quelquefois nettement stratifié, d'un ton gris bleuâtre ou rosé avec quartz en veines; faces striées et polies telles que j'avais observées en Scandinavie. Les micaschistes verdâtres, parfois brillants. Les galets du lac appartenaient à ces roches.

De l'hôtel de Gairloch, courte traversée pour Skye où gisent les longues colonnes prismatiques du basalte.

Le retour de Strathpeffer pourra se faire par le **canal Calédonien**, autre splendide paysage de l'Ouest.

Le bateau met 12 heures d'Inverness à Oban à cause d'une interruption à Banavie et du passage des écluses. Un arrêt trop court pour la visite des cascades de *Foyers* ne donne qu'une idée d'ensemble de ces chutes retentissantes au milieu des schistes durs.

L'entrée du loch Ness n'est pas sans grandeur; mais les plus belles montagnes s'élèvent entre Banavie et Oban où apparaît le Ben Nevis, neigeux, géant de l'Ecosse; où s'ouvre la vallée sauvage de Glencoe taillée dans les masses abruptes de gneiss et de micaschistes.

Rien de plus frappant que la rade semi-circulaire d'Oban aux rayons du soleil couchant: hôtels Imperial, G. Western, Alexandra; ce dernier m'a paru excellent. Mouvement énorme de voyageurs.

Je conseille de prendre le coach pour Dalmally, qui fait le trajet en 3 ou 4 heures. Les bords du loch Etive et du loch Awe ont une superbe végétation, les branches d'arbres se courbant sur l'eau; défilé de Brander au pied du Ben Cruachan.

Ainsi on aura vu les plus hauts sommets de l'Ecosse. De Dalmally la voie ferrée ramène à Callander, c'est-à-dire à la région des Lacs.

Staffa. — D'Oban la plus belle tournée est celle de Staffa. Un bateau spécial emploie toute la journée, y compris la visite ; repas bien servis. En longeant l'île de Mull le steamer est assailli par des vols de mouettes. L'île est solitaire ; les rochers noirs présentent quelques formes prismatiques. Une heure d'arrêt à Iona, l'ancienne île des Druides et de S. Colomban. Les roches sont très dures parfois en traps, quelques-unes striées.

Staffa est une petite île, assez basse, de 2 kil. de tour. En mer calme et vers 1 heure en été l'entrée dans la grotte de Fingal est des plus imposantes : elle s'ouvre au milieu d'une rangée de colonnes prismatiques comme taillées dans les masses amorphes. Dans la grotte, on pénètre entre les colonnes latérales noires qui présentent leurs angles. Les tronçons de colonne de la voûte en sont les pendentifs. En bas les sections des colonnes sont inégales, ce qui rend la marche pénible ; la couleur blanchâtre est due à un revêtement de coquilles, les teintes rosées à une végétation cryptogamique.

La grotte a une centaine de mètres de profondeur, une vingtaine de hauteur ; les colonnes latérales, 12 à 15 m. de long. Pour les sections d'entrée le diamètre dépasse un mètre, d'après mes mesures, les dépressions des tronçons en cupules. La forme hexagonale très régulière domine ; puis les pentagones et autres. La dureté est extrême ; temp. de la mer au 15 juillet, 15° C.

Il y a d'autres grottes tout autour et encore dans l'île de Mull.

Il est encore d'autres villes d'Eaux en Ecosse,

.mais de peu d'importance, telles que *Joppa* près de Porto Bello, *Peter head* près Aberdeen, sources ferrugineuses : méritent-elles le nom de villes d'Eaux ?

EAUX DE GALLES ET D'IRLANDE

La principauté de Galles est assez pauvre à cet égard. Le sol est principalement constitué par des schistes (silurien et cambrien de Murchison) succédant au grès rouge de la frontière anglaise. Après Chester, j'ai vu des masses de grès rouge jusqu'à Conway. Petits lacs, quelques marais ; jolies vallées de Neath et de la Wye.

Les principales stations sont groupées au centre dans les comtés de Radnor et de Brecknock ; de Londres par Schrewsbury. *Llanwrtyd, Llandrindod, Builth*, assez bien installées et assez fréquentées ; il existe à la fois des filets d'eau salée, sulfureuse et ferrugineuse.

Llandrindod, peu sulfureuse, a été appelée Mild Harrogate. Builth, salée forte, est comparée à l'Elisen de Kreuznach.

Les salines s'adressent aux dyspepsies, à la constipation, aux hémorrhoïdes, aux affections du foie, à la goutte, aux maladies des femmes (rappelons que les alcalines manquent en Angleterre) ; les sulfureuses au rhumatisme, aux maladies de la peau et des bronches, aux paralysies saturnines, etc. ; les ferrugineuses aux anémies, aux débilités. Le climat sain favorise l'action tonique.

Irlande. — Les eaux sont peu nombreuses, peu suivies ou abondonnées. Knox s'en plaignait dans

son traité *On the watering places of Ireland*, 1845.
Peu d'ouvrages spéciaux, peu de renseignements
médicaux. Il m'a fallu sonner à toutes les portes,
médecins des grandes villes, voyageurs, habitants
des localités, pour savoir quelque chose. L'étude
sur les lieux mêmes fut mon véritable guide.

Caractères généraux : point de sources chaudes,
point de sources gazeuses ; minéralisation faible ; en
sorte qu'il ne reste, presque, que des ferrugineuses
et des sulfureuses, or celles-ci m'ont paru d'origine
superficielle.

Lucan, près de Dublin, montre son pump-room,
reste de sa vogue passée ; ce n'est plus qu'un lieu de
promenade. Sulfureuse.

Ballinahinch, à quelques lieues de Belfast, même
sort, ferrugineuse.

Swanlinbar, à 10 milles d'Enniskillen (Ferma-
nagh). La source, un peu loin du village, contient une
assez forte proportion de gaz sulfhydrique. S'adresse
aux dyspepsies et maladies de peau. Climat humide.

Lisdunwarna. — Station principale d'Irlande,
dans la partie sauvage du comté de Clare, à 3 milles
de la côte Ouest. A 20 milles d'Ennis où il fallait prendre un char découvert ; aujourd'hui, 7 milles seulement de la gare d'Ennistrymon. Vingt ans passés,
le nombre des visiteurs atteignait 1500 ; il a augmenté. Climat tonique, trop de vents de mer. Terrain calcaire.

Le pump-room est convenable. Deux sources principales : l'une sulfureuse, l'autre ferrugineuse, dans
deux bassins contigus. La sulfureuse, la plus suivie,
a 8 cc. de gaz par litre ; c'est la plus forte. Elle
est froide. Dose 2 verres, de 2 à 3 fois par jour.

La saison est de 3-4 semaines ; le plus souvent l'eau sulfureuse pendant 15 jours ; puis l'eau ferrée. *Indications :* rhumatismes, gouttes chroniques, maladies de peau et des muqueuses bronchiques, dyspepsie ; anémies, convalescences (Dr Mapothen).

De là, on peut visiter Galway, assez grande ville qui possède une des trois universités de l'Irlande. La baie est bordée au Sud par de hautes montagnes.

Castle Connell. — Près de Limerick, dans la vallée du Shannon où le fleuve, très large, se précipite, de cascades en cascades, au milieu de rochers calcaires, bordé d'arbres énormes et de grandes prairies, ce qui l'a fait comparer à un fleuve d'Amérique. Le paysage est grandiose dominé par les ruines d'un vieux château. J'ai fait plusieurs promenades sur ces rives, sans me lasser d'admirer. Comment un énorme fleuve peut-il couler dans un petit pays ?

La source est à 5 minutes de la station dans un petit pavillon ; captée dans un grand réservoir, près l'hôtel des bains. Limpide, un peu atramentaire, froide. Elle émerge d'une roche calcaire. Applications des ferrugineuses.

De Limerick, excursion sur la côte de Clare où sont les deux bains de mer de *Kilkee* et de *Milton Malbay*. Rien de plus sauvage et de plus imposant que ces falaises abruptes du calcaire carbonifère, lequel s'étend vers Galway. La contrée est pierreuse et sans végétation.

J'ai entendu parler de quelques autres sources sulfureuses.

Mallow est à 5 heures de Dublin et à 2 heures de Cork ; encore un bain délaissé. Il avait mérité le nom d'*Irish Bath*. Pays de plaine, champs cultivés, prairies ; climat doux. Sol, old red sandstone et calcaire.

La source, dans un petit vallon, à 1 kilomètre de la station, au pied de rochers calcaires. Débit faible ; limpide. 68°F.,20°C., très peu minéralisée ; quelques bulles d'azote. Employée contre le rhumatisme, la goutte, les paralysies partielles, les contractures. L'établissement est modeste : un petit chalet qui protège le bassin, une salle de buveurs et peu de baignoires.

Mallow est le seul représentant des eaux thermales simples. Quoi qu'en dise la légende, il n'a point existé de volcans en Irlande.

Environs. — Beaucoup d'excursions. Cork est à voir : grande ville bien percée ; boutiques élégantes à S. Patrick street ; bons hôtels, entre autres, Impérial qui me donna bonne hospitalité. Au Queen's college, l'une des trois universités, les études médicales se font en 4 ou 5 ans ; laboratoires complets. Les hôpitaux : South et North Infirmary, sont anciens ; visites bien faites.

Les visites des grands médecins se payent une guinée. Le docteur Towsend me fit gracieusement les honneurs de son hôpital. Il me conduisit au *Lunatic asylum*, grande maison pour 600 malades, pittoresquement située à 2 kilomètres de la ville.

Killarney. La ville est à 2 heures de Mallow, à travers les tourbières. Excellent hôtel de touristes où le *Manager* prépare la grande excursion : Coach à 8 places, bateaux, guides, etc., le tout 10 sh. par tête sans s'occuper de rien. La voiture, bien attelée, met 2 heures par le Gap de Dunloe et par un défilé sauvage entre des monts 'de 2-3.000 p., rochers de grès et de granit. La *Black Valley*, triste et sombre, mais pittoresque, puis deux heures à pied jusqu'au lac.

Le bateau a quatre rameurs, suit les lacs, 15 kilomètres en 3 heures.

Le parcours est féerique : d'abord le *Upper lake*, communiquant par un détroit avec le *Middle lake*, en côtoyant les îles, les ponts, les arbres magnifiques dont les branches baignent dans l'eau comme au lac Awe. Enfin le grand lac où le panorama s'agrandit : autres îles, ruines de Ross Castle ; les bateliers et les guides crient et chantent trop.

Le retour à l'hôtel, par une route plus courte à travers le parc de Kenmare fait admirer les arbres séculaires. Après une journée si pleine d'impressions, nous rentrâmes à l'hôtel où le souper fut très gai. Le baron de Montmorency, d'origine française, se montra particulièrement aimable.

Dans la contrée se voient des tourbières analogues à celles du loch Maree, également débitées en rectangles pour combustibles à bon marché.

Nous ne pouvons quitter cette belle contrée sans dire un mot d'une de ses merveilles : la Chaussée des Géants.

Giant's Causeway. — A la pointe Nord de l'île, à 7 milles de Port Rush. De l'hôtel Coleman, 1 h. 30 en voiture. La route longe la mer ; petit arrêt pour la ruine de *Dunluse Castle*, où conduit un pont de chèvre sur un ravin profond. La vallée de *Bush-mill* est célèbre pour ses truites ; elles paraissent sur la table de l'excellent hôtel de la Chaussée.

En premier, visite des cavernes. Le bateau convient mieux surtout par la pluie qui rend le sol très glissant. *Portcoon* et *Runkerry* sont les plus belles grottes. C'est le basalte noir disposé en trap, à cristallisation confuse.

Il y a trois Causeways sur un promontoire : les colonnes verticales sont sectionnées de façon à constituer un pavé inégal, où la promenade n'est pas commode. Une des colonnes, en contre-bas des autres ressemble à un petit puits, *Giant's well*. Les formes les plus ordinaires sont le pentagone, l'hexagone, l'heptagone ; les autres plus rares ; le plus grand diamètre que j'ai mesuré est de 0,8 à 0,9 comme celles de Latour en Auvergne. La hauteur est de 10 – 12 mètres. Les segments, emboîtés les uns dans les autres, ont 0,30 à 0,40 d'épaisseur.

Sur la hauteur un groupe de colonnes figure des tuyaux d'orgue, *Giant's organ* ; un autre, en demi-cercle, s'appelle l'amphithéâtre. Un rocher isolé porte le nom de *Lion's head*.

La coulée basaltique s'étend jusqu'à Dunseverick Castle, 4 milles, côte d'Antrim. La roche est noire et dure comme en Écosse.

SOURCES SAINTES

Ce sont des fontaines dans le genre de Lourdes ou de la Salette, où s'opèrent des cures merveilleuses : c'est l'esprit des eaux pures de V. Helmont.

Nous avons déjà parlé de sainte Anne de Malvern et de l'ancienne pratique du drap mouillé. Il y en avait une autre à Knaresborough, près Harrogate, aussi à Land's end.

Dans la principauté je citerai *Holywell* de Saint-*Winifred*, comté de Flint ; j'y ai vu beaucoup d'ex-voto. La source très pure, d'une extrême abondance, alimente la piscine. La croyance populaire est que cette eau ne peut bouillir.

Une autre près Licanor est l'objet d'un pèlerinage : les malades font le tour de la chapelle en marchant avec le soleil.

Au sud, près Tenby, *Holywell* de *Llanstephen*.

Au nord de l'Écosse, l'une des plus célèbres est S. *Tecla*, qui guérit l'épilepsie. Là affluent les dons en argent, les coqs et les poules, ce qui rappelle les temples d'Esculape. Il paraît qu'autrefois, en certains lieux, il y avait des sacrifices de bœufs et de chevaux. Ce sont bien là des traditions du paganisme. Un édit d'Edgar, 963, défendait ces pratiques païennes.

En Irlande Sainte-*Anne Holywell*, près Cork, où existaient des bains turcs depuis plusieurs siècles.

Nous n'avons pas de jugement à porter sur les sources miraculeuses ; il suffit de constater leur existence.

J'ai entendu parler d'anciennes cures de petit-lait (*whey cure*) dans le pays de Galles, principalement à Abergaveny.

BAINS DE MER

Si l'Angleterre est pauvre en eaux minérales, elle peut puiser largement dans le grand réservoir océanique où l'eau salée ne manque jamais.

Au point de vue des bains de mer, c'est la contrée la plus favorisée. Ses côtes, multipliées par des découpures infinies, ont un immense développement et offrent les expositions les plus variées. Ajoutez la division en deux grandes îles qui augmente encore la surface de contact.

La nature a donc tout préparé pour les bains de mer. L'art est venu s'y joindre : de grandes villes se sont élevées comme par enchantement et ont fourni des agglomérations nouvelles, dans le seul but de la balnéation.

L'installation est remarquable : quais s'étendant parfois à plusieurs milles, bordés de grands hôtels et de villas; terrasses dominant les rives où l'on hume à la fois l'air marin et l'air des hauteurs; jetées s'avançant au loin et donnant accès à des milliers de promeneurs; ils y trouvent des salles de restaurants et de concerts pour passer la journée.

Le nombre des machines roulantes répond amplement aux besoins et prévient tout refroidissement à la sortie de l'eau. Les établissements se distinguent par l'ampleur et l'aération des piscines dont plusieurs sont ouvertes tout l'hiver à une température constante.

Les invalides usent beaucoup des chaises-abris, *boxes*, *glass-houses* qui les protègent du vent.

La disposition géographique fait que les villes maritimes sont à proximité des grands centres tels que Londres, Liverpool, Manchester, Édimbourg, Glascow, Dublin, Cork, Belfast, etc. Ceci explique l'immense concours des baigneurs.

La médication marine était déjà en honneur au siècle dernier, c'est-à-dire à l'époque où la France et l'Allemagne n'avaient encore rien. Russell, au milieu du siècle, plus tard Clark et Buchan publièrent des observations. Aujourd'hui les stations marines fourmillent dans toute l'Europe. Rien que leur énumération remplirait une brochure.

Notre programme limité ne nous permet qu'un coup d'œil sommaire sur les principales stations du Royaume-Uni.

Plages du Sud. — Nous avons décrit les villes d'hiver dont la présence s'explique par l'abri particulier de cette côte ; ces villes sont en même temps des bains de mer.

Hastings se distingue par son quai de 4 kilomètres, par son Pier où peuvent tenir 2.000 personnes ; par sa plage de sable et grès, ses établissements de bains à belles piscines ; par le souvenir de la conquête des Normands (*Battle Abbey*).

Eastbourne, belle ville toute moderne, a un développement de 4 kilomètres sur la mer ; une plage de cailloux et sables ; une piscine de 50 mètres de long, chauffée l'hiver.

Brighton est assez connu ; grande ville, presque un faubourg de Londres en été ; saison brillante l'automne.

A Wight, *Ryde* et *Cowes* sont plutôt un lieu de fashion et de régates. Les vrais bains sont *Sandown* et *Schanklin* avec un beau sable, *Freshwater* trop ventilé.

Weymouth et sa belle plage demi-circulaire a été mentionné.

Plages de l'Est. — *Folkestone* a sa belle promenade de *Lees*, sa piscine élégante ; *Douvres* a son château. Les plages à cailloux en pente raide laissent à désirer.

Ramsgate et *Margate*, très courus, offrent deux types différents : à Ramsgate, villas élégantes, dispersées sur les hauteurs, une des jetées de près d'un kilomètre ; à Margate, boutiques, maisons garnies, restaurants ; tout le bruit de Londres. Ce sont deux belles plages de sable.

Après Yarmouth et Hunstanton viennent les Bains du Yorkshire : *Bridlington*, *Filey*, *Scarborough*, *Whitby*, *Saltburn*, *Redear*, etc.

Tous ces bains ont bonne apparence par leurs quais, leurs terrasses, leurs esplanades, leurs jetées dont les unes dépassent 500 mètres (Redear) ; leurs piscines grandes et profondes. Les plages sont unies et s'étendent parfois à perte de vue. Le sable est fin, souvent assez ferme *to ride and drive*.

Scarborough mérite une mention spéciale par sa disposition en amphithéâtre, ses ponts et ses vallées, son château, son musée, son hospice marin ; par ses grands hôtels. C'est une vogue croissante.

Tout ce côté balayé par les vents d'Est jouit d'un climat tonique.

En suivant la côte de l'Est vers l'Écosse, c'est le même climat tonique, mais les plages de *N. Berwick*, *S. Andrew* et *Porto-Bello* deviennent médiocres.

Plus au Nord, *Nairn*, prôné par les médecins de Londres (j'y ai rencontré le Dr Murchison) est la meilleure plage de l'Écosse.

Nous avons mentionné les petits bains de l'Ouest vers Glascow.

Dans le pays de Galles, les deux principales stations sont *Llandudno* au Nord et Tenby au Sud. La première est très courue et très élégante. Belle plage de sable regardant le Nord. La contrée est des plus pittoresques.

Je laisse de côté l'Ouëst de l'Angleterre.

Irlande. — Séparée de l'Angleterre par le détroit, elle a ses plages de l'Est et de l'Ouest, du Sud et du Nord.

Les plus beaux bains sont aux environs de Dublin : *Howth* et *Malahide* aux grands parcs et aux hôtels somptueux, puis *Kingstown* dont la jetée mesure 5.000 pieds ; Bray à la longue plage.

A l'Ouest, les sites sauvages de *Bundoran*, de *Kilkee* et *Milton Malbay*, du côté de Limerick.

Au Nord, *Port Rush* balayé par tous les vents.

Au Sud, *Queenstown* la ville d'hiver, *Tramore* près Waterford.

J'ai essayé, il y a quelques années, de tracer un parallèle entre les bains de mer anglais et français (*Gazette des Eaux*).

TABLE DES MATIÈRES

Paris. — Imprimerie F. Levé, rue Cassette, 17.